加藤幸雄 監修

social worker

社会福祉士
相談援助演習
事例集

鈴木武幸
鈴木政史 編著

学文社

■ 執筆者 ■

芦田　麗子	種智院大学	〔第6章(11)〕
新井　康友	中部学院大学	〔第5章(8)〕
宇都宮みのり	愛知県立大学	〔第3章(5)・第9章(14)〕
梅谷　進康	桃山学院大学	〔「ジェノグラムとエコマップの表記方法」・第2章(3)〕
**加藤　幸雄	日本福祉大学	〔はしがき〕
木村　隆夫	日本福祉大学	〔第10章(15)(16)〕
小泉　　昇	社会福祉法人 相模翔優会 特別養護老人ホーム　ル・リアンふかみ 〔第8章(13)〕	
鈴木　里美	医療法人 社団聖稜会 藤枝市地域包括支援センター　グリーンヒルズ藤枝 〔第2章(2)〕	
*鈴木　武幸	静岡福祉大学	〔はじめに・第1章(1)・第7章(12)〕
*鈴木　政史	静岡福祉大学	〔「社会福祉士　相談援助演習事例集」の特徴と構成・各事例の構成，学習方法・第5章(9)・第15章〕
高田　由香	静岡県立静岡がんセンター	〔第13章(20)〕
髙橋　賢充	静岡福祉大学	〔第14章(21)〕
前川有希子	静岡福祉大学	〔第11章(17)〕
宮本　雅央	群馬医療福祉大学	〔第12章(18)〕
村田　一昭	愛知県立大学	〔第4章(6)(7)・第5章(10)〕
山田　京子	特定非営利活動法人 高次脳機能障害サポートネットひろしま 〔第3章(4)〕	
渡井　友洋	社会福祉法人 富士宮市社会福祉協議会 〔第14章(22)〕	
渡辺　　央	静岡福祉大学	〔第13章(19)〕

（**監修者，*編者，五十音順）

はしがき

　相談事例の背景に共通するキーワードは何か。それは，「人間関係の貧困」ではないだろうか。マスメディアを通じて，無縁社会という言葉が流布され，孤独死が注目される昨今である。すでに高度経済成長が全盛のころ，孤立無援の頑張り過ぎが，「うつ病」や過労死につながることが注目された。学校社会での過度の競争ゆえに孤立して「不登校」が目立つようになってから久しい。いじめ現象も共同性の欠如が背景にある。発達障害が増えているように見えるのも，コミュニケーションからの疎外を考えなければならない。児童虐待の相談件数は右肩上がりで，子どもの死が防げないのは孤立した子育てに起因するところが大きい。こうした現象を別の視点で評価するときのキーワードに，「過剰適応」がある。等身大の自分ではなく，無理して周囲の環境に適合しようとし，人にどう見られているかを気にするあまり，自分を見失う。結果的に，社会的に孤立し，心理的な不適応を起こす。

　いま述べてきたことは，相談援助に際して，着目しなければならないバックグラウンドについてである。相談の内容やニーズは個別的でも，背景には，ここで述べたような社会現象が潜んでいることに目を向けていただきたい。

　相談援助にあたって大切なことは，「きく」姿勢である。「聞く」「聴く」「訊く」などの漢字があり，英語だと「hear」「listen to」「ask」となろう。「聞く」は一般的にきく，何となくきく。「聴く」は限定的に，身を入れてきく。「訊く」は，先生に尋ねるとか，尋問（訊問）するという意味になる。ここからわかるように，相談援助面接では，「聴く」が適切であろう。「聴」という漢字は，分解すると，「十四の心に耳をよせる」と読める。人の心が14かどうかはわからないが，少なくとも，単純ではない。ホンネもあればタテマエもあり，嘘もあろう。性格によっても，聴く相手によっても，聴き方によっても，語られることは変化する。しかし，そばに寄り添い，一生懸命丁寧に耳を傾けることで，人は安心して語りだし，語ることで気持ちが楽になり，頭の中が整理され，より深く語りだす。そのとき，お互いが問題の核心を共有できる可能性が高まる。

　「相談に乗る」「面接を行う」ということは，相談に乗る側が自分の枠組みでものごとを理解することではない。相手が気持ちをすっきりさせ，自分で事態が少しでもよく見えるように支援することである。このことは，相談に習熟していくとよくわかる。

　最後に，相談援助の極意を述べる。極意というと大げさだが，ゴールである。人は誰も，愛着のもてる人の存在が必要であり，そこに存在できる場，つまり居場所が必要であり，また，他者から期待される役割をもちたいものである。そして，先が少しでも見通せると安心できる。愛着，居場所，役割，見通し（犯罪社会学者ハーシの「社会的絆」論，参照）を視野において，

相談相手の社会環境における落ち着きの場を見出し，あるいは協働してくれる人を見つけることこそゴールとしたいものである。自分で抱え込み，自分がメシアになったような錯覚をもつ（メサイア・コンプレックスという）とき，相談は失敗に終わる。

　本事例集における事例をじっくり読み込み，多くの「わからないこと」を探してほしい。「わからないこと」が「わかる」ことによって，学びを促進することになろう。

2015年3月

日本福祉大学　前学長・名誉教授　加藤　幸雄

はじめに

　社会福祉士の資格は1987（昭和62）年に社会福祉士及び介護福祉士法として成立し，以来，社会福祉士養成教育においても新たな見直しを重ねる中で，とりわけ相談援助演習・実習科目の重要性が問われてきた。特に近年，相談援助職としての力量を備えた社会福祉士養成が求められ，それに対応したさまざまな分野での活躍と広がりがみられる中，その成果は相談援助の専門家として徐々に実を結んできている。

　本書は，それら諸先輩の実践の貴重な積み重ねを指針としながらも，新たな社会福祉現場に向いこれから社会福祉士の資格を取得し，さまざまな領域で社会福祉の援助を必要としている人々のためにより良い支援者養成を目的として，また，その実力をつけるための教材として，最先端の社会福祉現場で活躍する諸先輩や専門分野を研究する先生方による社会福祉相談援助演習指導書として企画された。このように，社会福祉士養成科目上重要な社会福祉援助演習の学習に欠かせない集大成として位置づけられる「相談援助演習」の目的をそれぞれの領域で活躍している専門家の事例や実践者によって記録された貴重な事例に触れながら，これから社会福祉を目指して実践力を身につけようとする学生や「利用者の最善の援助者」を目標に，さらに実力を高めていこうと志す初任者に向けての事例集としても企画された。したがって，幅広い14分野・領域の実践例（機関および施設）を検討材料にすることができると同時に，厚生労働省が定めるシラバスや社団法人日本社会福祉士養成校協会のガイドラインに沿った相談援助演習の実践教科書としての目的を備えていることに鑑み，社会福祉士国家試験の事例問題の学習としても活用できる。

　本書の仕組みは，学習を進めていく主体となる学生および初任者はもちろん相談援助演習担当教員，スーパーバイザーを担う実践指導者に使いやすい教材として工夫されている。学習するものにとっては，各実践事例について，「事前学習シート」の作成，「演習課題」への取り組み，「事後学習シート」の作成が義務づけられ，確実に事例の全体像が習得されると同時に，教員およびスーパーバイザーにとってもそれぞれの段階においての理解度や課題の取り組み，目標としていた学習がどの程度身についているか把握できるように工夫されている。授業等で使用する場合は，22の事例の中から厚生労働省　社会福祉士「新たな教育カリキュラムの内容」5-a 相談援助演習（150時間）を参考に15回分を選択することをお薦めする。

　2015年3月

静岡福祉大学　鈴木　武幸

目　次

はしがき　　i

はじめに　　iii

「社会福祉士　相談援助演習 事例集」の特徴と構成　　vi
各事例の構成，学習方法　　vii
ジェノグラム・エコマップの表記例　　x
【参考】厚生労働省　社会福祉士「新たな教育カリキュラムの内容」5-a 相談援助演習（150時間）　　xii

第1章　社会的排除（ソーシャル・エクスクルージョン）に関する相談援助 ── 1
(1) 社会的排除　若年単身路上生活者（ホームレス）への援助　3

第2章　高齢者福祉に関する相談援助 ── 7
(2) 高齢者福祉①　一人暮らし高齢者における在宅生活支援に関する相談援助　9
(3) 高齢者福祉②　要介護高齢者のニーズと家族介護力の把握に基づいた相談援助　14

第3章　障害者福祉に関する相談援助 ── 19
(4) 障害者福祉①　就労を希望する高次脳機能障害者とその家族への支援　21
(5) 障害者福祉②　長期入院している精神障害のある人への地域移行支援　26

第4章　児童福祉に関する相談援助 ── 31
(6) 児童福祉①　子どもの不適応行動への対応を主訴とする母親へのエンパワメント　33
(7) 児童福祉②　虐待を受けた子どもへの児童養護施設と児童相談所との連携による支援　38

第5章　虐待事例に関する相談援助 ── 43
(8) 高齢者虐待　認知症の母親に対する息子からの虐待　45
(9) 障害者虐待　一般事業所で就労している軽度知的障害をもつ従業員に対する同僚からの心理的虐待が疑われる事例　50
(10) 児童虐待　虐待事例への介入的アプローチと支援的アプローチ　56

第6章　家庭内暴力(DV)に関する相談援助 ── 61
(11) 家庭内暴力(DV)夫の暴力に悩む女性への相談援助　63

第7章　低所得者に関する相談援助 —————————————————— 67
　⑿　低所得者　母子家庭生活困窮者への生活援助　69

第8章　ホームレスに関する相談援助 —————————————————— 73
　⒀　ホームレス　ホームレス巡回相談員による支援　75

第9章　権利擁護（成年後見制度）に関する相談援助 ————————— 81
　⒁　権利擁護（成年後見制度）　認知症のある高齢者を虐待から護る成年後見制度　83

第10章　更生保護（少年司法，刑事施設出所者）に関する相談援助 ———— 89
　⒂　少年司法　少年院に在院している少女の社会復帰のための相談援助　91
　⒃　更生保護　刑事施設（刑務所）に収容されている，身寄りがなく帰り先のない高齢者の社会復帰のための相談援助　95

第11章　多文化，多人種に関する相談援助 ————————————————— 99
　⒄　多文化・多人種　外国人高齢者への生活情報の提供　101

第12章　就労支援に関する相談援助 —————————————————— 107
　⒅　就労支援　就労の継続性と職場定着支援　109

第13章　医療機関における相談援助 —————————————————— 115
　⒆　一般病院　急性期病院における一人暮らし高齢者の退院援助　117
　⒇　特定機能病院　特定機能病院（がんセンター）における相談援助・各部門の協働　123

第14章　地域福祉に関する相談援助演習 ————————————————— 127
　㉑　地域福祉①　Aさんの孤独な死　129
　㉒　地域福祉②　地域の社会資源の活用と住民参加による自立支援　136

第15章　事例研究の方法 ————————————————————————— 143
　１．個別的体験（事例）の共有（一般）化　144
　２．事例研究の進め方　145
　事例研究シート【作成基準】　147

事後学習シート ——————————————————————————————— 149

索　　引 —————————————————————————————————— 173

■ 「社会福祉士　相談援助演習　事例集」の特徴と構成 ■

　本書は，ソーシャルワークの14分野22事例を取り上げており，厚生労働省の社会福祉士「新たな教育カリキュラムの内容」5-a 相談援助演習（150時間）に対応している。また，社会福祉施設・機関等での研修で活用できるように幅広い分野の事例を網羅し，第15章の「事例研究の方法」では，相談援助実習後の演習や実践現場でのケースカンファレンス，事例検討会等で応用が可能な構成となっている。

　各事例は，①事前学習シート，②事例研究のねらい・事例本文，③演習課題，④事例の解説，⑤事後学習シート（巻末）から成る。まず，事例を読み解くにあたって必要となる知識（法制度）や技術，背景などを把握できるように，①「事前学習シート」においてその取り組みを提示した。その後，②「事例のねらい・事例本文」を読み，事例の概要を理解した後に，講義・研修では，「事前学習シート」を活用して学習していくこととなる。講義・研修で取り組む③「演習課題」では，ジェノグラム・エコマップの作成，アセスメントシートなどを活用したアセスメント技法，支援計画作成方法など，より実践的な演習課題を設定しており，さらにグループで演習課題を議論することで効果的な事例検討が可能となっている。④「事例の解説」においては，事例の背景や学んでほしいポイントなどを解説している。また，演習後に取り組む⑤「事後学習シート」（巻末）は，ソーシャルワークの理念や倫理的ジレンマ，当該分野における課題など，演習後に購読者に考えてほしいこと，より深く理解してほしいことなどをまとめた。これら一連のプロセスに基づいてソーシャルワークの事例検討を行うことで，講義や実践現場での継続的なスーパービジョンが可能な構成となっている。

　本書の活用によって，幅広い分野の知識・技術を学びグループでの討議を深め，人権や社会正義，集団的責任，多様性の尊重などソーシャルワークの中核となる価値について考えてもらえることを期待したい。

■ 各事例の構成，学習方法 ■

---

(9) 障害者虐待

事前学習シート

※「一般事業所で就労している軽度知的障害をもつ従業員に対する同僚からの心理的虐待が疑われる事例」を読み，事前学習シートの課題に取り組もう。

1. 障害者虐待の防止，障害者の養護者に対する支援等に関する法律（障害者虐待防止法）の条文から「障害者虐待」の定義を調べてみよう。
【障害者虐待の定義】

① **事前学習シート**
※事例を読み解くにあたり，必要な知識や法制度，用語の定義，事例の背景，現状の課題などに関する予習事項が設定されており，事例検討前に取り組む。

---

(9) 障害者虐待

一般事業所で就労している軽度知的障害をもつ従業員に対する同僚からの心理的虐待が疑われる事例

【事例研究のねらい】
1. 虐待発生時の対応や虐待を防止するための取り組みについて理解する。
2. 「人の心理」「環境」等，虐待が発生する要因について理解する。
3. ソーシャルワーカーとして，企業内支援者の育成や同僚の障害に対する理解を促すための方法を理解する。

② **事例研究のねらい**
※事例のポイントや事例検討の目標などを「事例研究のねらい」として提示している。

1. 事例の概要

　Aさん（22歳　男性）は，保健所の3歳児健康診査で発達の遅れが指摘され，その後，医療機関で「自閉症スペクトラム症候群」の診断を受けた。小・中・高と特別支援学校に通い，卒業後は地元の製菓工場に障害者雇用で就職した。WAIS-III（ウェクスラー式知能検査）ではIQ65，療育手帳はB判定である。郊外の公営住宅で母親（51歳）と同居（ひとり親家庭）しており，

「事例本文」は時系列で記載され，人物，施設・機関などはすべて仮名である。講義や研修前に事例を読み，わからない法制度や用語などは調べておく。

各事例の構成，学習方法

【演習課題】
1．本事例においてAさんが継続して働くために必要な支援をグループで検討し，優先順位，支援内容，担当施設・機関及び職種，支援期間（時期）を協議しよう。

優先順位	支援内容 （利用可能な社会資源を明記する）	担当施設・機関 および職種	支援期間 （時期）

③ 演習課題
※講義や研修において取り組む課題（マッピング技法やアセスメント方法，支援計画作成方法など）が設定されており，グループで演習課題に取り組み，結果を全体で共有する。なお，紙幅の関係上，記入欄が不足する場合もある。その際は必要に応じて別紙（模造紙やA4またはA3用紙）やプロジェクターなどを活用する。
※マッピング技法については次ページに記載されている「ジェノグラム・エコマップの表記例」を参考に作成する。

■■ 解説 ■■

　虐待対応ではクライエントの安全確認を最優先するとともに，虐待対応チーム（コアメンバー）を組織して初期対応にあたることが重要となる。通報や相談を受け付けた時点で障害者虐待発見チェックリスト等を活用し虐待の有無と緊急性を判断する。特に生命や身体に危険が及ぶ可能性がある場合は，早急にクライエントの一時保護（居室の確保）や警察署長への援助要請などの措置をとることが不可欠であり，本事例のような心理的虐待においても自死などの可能性も考慮して障害者就業・生活支援センターや通所施設等を活用して一時的な避難場所を確保することも検討する必要がある。
　緊急性の判断やクライエントの安全が確保された後，あるいは情報が不足する場合は，通報者やクライエント，関係施設・機関から情報収集を行う。虐待事例では，クライエントや通報者保護のためにも虐待をしたと疑われる人に対する対応は慎重に行わなけれ

④ 事例の解説
※事例を通じて購読者に学んでほしいこと，事例の背景やソーシャルワークの視点・価値・倫理等について解説している。

各事例の構成，学習方法

(9) 障害者虐待

事後学習シート

1．虐待事例では虐待をする人が「自我親和的（ego-syntonic）」であることも多く，虐待を防止するために「自我親和的（ego-syntonic）」な行動を変容するにはどのようなアプローチが可能だろうか考えてみよう。

⑤ **事後学習シート（巻末）**
※事例検討後に今後の福祉を担う人材（専門職）として考えてほしいこと，より深く学習してほしいことなどが設定されており，事例検討後の事後学習として取り組む。

■ジェノグラム・エコマップの表記例■

①性　　別　　□男性　　○女性

②クライエント　□男性　　○女性

③年　　齢　　㊹　48歳の女性

④死　　亡　　⊠79　79歳で死亡の男性　（死亡は，■で表記される場合もある）

⑤結　　婚　　□─○　m.70　1970年に結婚

⑥別　　居　　□─○　s.78　1978年に別居

⑦離　　婚　　□─○　d.81　1981年に離婚

⑧配　　置　　㉙　㉝　婚姻関係は左が男性，右が女性
　　　　　　　⑦　③　子どもは出生順に左から右に記す

⑨養子または里子　────○（点線）　　⑩胎児（妊娠中）　△

⑪双生児　　□─○　二卵性　　□─○　一卵性

⑫同　　居　　（点線楕円）　（実線楕円）　点線または実線で囲む

⑬親密な（強い）関係　━━━━　または　────

⑭希薄な（疎遠な）関係　‥‥‥‥

⑮葛藤（ストレス）関係　─┼┼┼─　または　〜〜〜

⑯働きかけの方向　───▶　◀───　◀───▶

出所：中村伸一（2002）「ジェノグラムの書き方：最新フォーマット」『家庭療法研究』19(3), pp.57-60および「マニュアル」作成検討委員会（2014）『千葉県子ども虐待対応マニュアル』千葉県健康福祉部児童家庭課虐待防止対策室, 書式編, pp.9-11を参考に作成。

ジェノグラム・エコマップの表記例

〔高齢者福祉②（16ページ）ジェノグラムの解答例〕

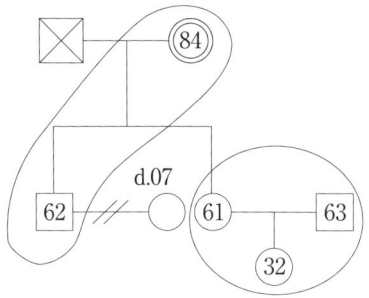

〔エコマップの解答例〕

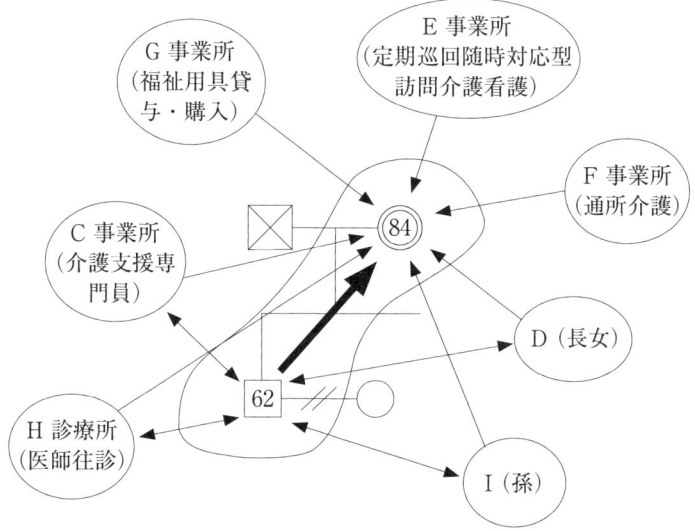

〔ケアプランの解答例〕

生活全般の解決すべき課題（ニーズ）	援助目標		援助内容		
	長期（期間）	短期（期間）	サービス内容	サービス種別	頻　　度
オムツではなく，トイレで排泄したい	介助を受け，トイレで排泄する（6か月）	介助を受け，ポータブルトイレで排泄する（1か月）	ポータブルトイレへの移乗介助 ポータブルトイレの清掃	定期巡回随時対応型訪問介護看護	毎日
				Bさん	毎日
				Dさん	週2日（火・水）
				Iさん	週1日（土）

【参考】厚生労働省　社会福祉士「新たな教育カリキュラムの内容」
5-a　相談援助演習（150時間）

ねらい	シラバスの内容
	含まれるべき事項
・相談援助の知識と技術に係る他の科目との関連性も視野に入れつつ，社会福祉士に求められる相談援助に係る知識と技術について，次に掲げる方法を用いて，実践的に習得するとともに，専門的援助技術として概念化し理論化し体系立てていくことができる能力を涵養する。 ①　総合的かつ包括的な援助及び地域福祉の基盤整備と開発に係る具体的な相談援助事例を体系的にとりあげること。 ②　個別指導並びに集団指導を通して，具体的な援助場面を想定した実技指導（ロールプレーイング等）を中心とする演習形態により行うこと。	①　以下の内容については相談援助実習を行う前に学習を開始し，十分な学習をしておくこと 　ア　自己覚知 　イ　基本的なコミュニケーション技術の習得 　ウ　基本的な面接技術の習得 　エ　次に掲げる具体的な課題別の相談援助事例（集団に対する相談援助事例を含む。）を活用し，総合的かつ包括的な援助について実践的に習得すること。 　　●社会的排除 　　●虐待（児童・高齢者） 　　●家庭内暴力（D.V） 　　●低所得者 　　●ホームレス 　　●その他の危機状態にある相談援助事例（権利擁護活動を含む。） 　オ　エに掲げる事例を題材として，次に掲げる具体的な相談援助場面及び相談援助の過程を想定した実技指導を行うこと。 　　●インテーク 　　●アセスメント 　　●プランニング 　　●支援の実施 　　●モニタリング 　　●効果測定 　　●終結とアフターケア 　カ　オの実技指導に当たっては，次に掲げる内容を含めること。 　　●アウトリーチ 　　●チームアプローチ 　　●ネットワーキング 　　●社会資源の活用・調整・開発 　キ　地域福祉の基盤整備と開発に係る事例を活用し，次に掲げる事項について実技指導を行うこと。 　　●地域住民に対するアウトリーチとニーズ把握 　　●地域福祉の計画 　　●ネットワーキング 　　●社会資源の活用・調整・開発 　　●サービスの評価 ②　相談援助実習後に行うこと 　　相談援助に係る知識と技術について個別的な体験を一般化し，実践的な知識と技術として習得できるように，相談援助実習における学生の個別的な体験も視野に入れつつ，集団指導並びに個別指導による実技指導を行うこと。

第1章
社会的排除(ソーシャル・エクスクルージョン)に関する相談援助

(1) 社会的排除
　　若年単身路上生活者(ホームレス)への援助

(1) 社会的排除

事前学習シート

※「若年単身路上生活者（ホームレス）への援助」の事例を読み，事前学習シートの課題に取り組もう。

1. 社会的排除は福祉制度や労働市場等社会のさまざまな領域で，その構成員の地位・資格を喪失することであるが，現代社会において個人に雇用からの排除（失業・解雇等）が起こった場合の弊害についていくつかあげてみよう。

2. 社会的排除がなぜ発生するのか，経済・労働問題等の状況を踏まえていくつか考えてみよう。

3. 社会的包摂（ソーシャル・インクルージョン※）の目指す方向性を調べてみよう。

学籍番号　　　　　　　　　氏　名

(1) 社会的排除

若年単身路上生活者（ホームレス）への援助

【事例研究のねらい】
1. 社会的排除（ソーシャル・エクスクルージョン）が発生していく過程と課題を理解する。
2. 私たちが生活していくうえで，さまざまな福祉サービスや適切な労働による賃金獲得が必要となるが，それらから疎外されていく原因および理由を理解する。
3. 援助の方向性としての「社会的包摂（ソーシャル・インクルージョン）」の方法を考察する力を養成する。

1．若年単身路上生活者への援助

　Aさん（22歳　男性）は中学卒業後しばらく定職についていたが，その後約4年間，定住する場所を持たず，知り合いの家を転々としたり路上生活をしたりして，日々の生活をほとんど無為に暮らしていた。自己の身の回りのことをこなすのに特に支障はなかったが，特定の知人以外極度に他人と接触することを嫌い，また，必要以外の会話や接触は極力避ける傾向があった。昼間は時々，某食堂での皿洗いやクリーニング店での手伝い等のアルバイトを行っていた。市内には無料低額宿泊施設があり，知り合いから誘われて行ったことがあるが4人の相部屋であったため，金銭に困ったとき以外は利用しなかった。特に寒い時期を除いて，夜間は路上生活者（ホームレス）とともに公園で過ごしたり，手元に金銭のあるときは24時間営業のネットカフェでアニメを見たりして過ごしていた。それでも手持ちの金銭がなくなると，アルバイトをやらざるを得なくなり，いくつかのアルバイト先を探し回るということを繰り返していたようである。そんなある日，ネットカフェの従業員から「店で急病人が出た」と119番通報があり，近隣の救急病院へ搬送された。同時に，管轄の派出所の生活安全課巡査も立ち会ったが，特に犯罪歴もないとのことで，搬送先の病院では住所も無く医療保険証・金銭等の持ち物もないことを確認し，管轄の福祉事務所（生活保護担当課）へ連絡を取り，対応してもらうこととなった。

2．Aさんのこれまでの生活状況（福祉事務所SWの面接記録概要から）

　Aさんは，小学1年生まで母親（母子家庭）に育てられていた。しかし小学2年生のとき，母親が行方不明となり一時期母方の祖父（単身・祖母はすでに死亡）に預けられたが，祖父の単身家庭での養育にはさまざまな支障や困難が出たため，児童相談所の勧めで児童福祉施設に入所した。児童福祉施設では中学3年生まで他の入所児童とともに共同生活を送った。小学校は仲のよい友人もいたので何とか通ったが，特に中学生になっ

てからは学校へはあまり行きたがらず，出席してもクラスへは行くこともなく何となしに保健室等で過ごすことが多かったようである。就職担当教員にすすめられ，中学校卒業後は児童福祉施設を退所し，工務店の見習いとして働くこととなった。一時は，工務店と関係の深い建築現場の足場を作る会社の手伝い等をしていた。住居は，工務店の所有するアパートの提供を受け一人で暮らしていた。2年半ほど何とか続いたが，現場では"要領が悪い"と叱られることが多いことや，仕事への意欲および持続性にも問題があることなどで"いやみ"を言われ，事実上解雇されてやめざるを得なくなり，18歳で工務店を飛び出してしまう。その後は，パチンコ店の住み込み手伝いや夜間飲食店の客寄せ等をやっていたが長続きせず，次第にネットカフェやファーストフード店で過ごすようになり，夏場は路上生活も行ったようであるが，生活状況の詳細は不明である。クリーニング店の店主は，Aさんのことを「アパート等の定住先がないことは知っていた。時々，店の洗濯作業の手伝いをしてもらっていた。他の従業員との交流は好まず，必要以上の会話も少ないようであった。クリーニング店での仕事は，いちいち作業の指示を与えないと働けないようであった。忙しい時にはやむをえず手伝いをしてもらっていたが，積極的に雇うにはちょっと…。」と言っていた。搬送先の救急病院医師の所見は，インフルエンザ陽性と栄養状態の不良のために1週間程度の入院が必要ということであった。

3．福祉事務所ソーシャルワーカー（SW）の対応

福祉事務所SWは，Aさんに対し，生活保護の医療扶助について説明し，申請することを確認した。一方で，Aさんのこれまでの情報収集を行いながら，Aさんの回復後の支援計画を立てることとした。

用語

社会的包摂（ソーシャル・インクルージョン）

ソーシャルワークの目的は，路上生活者の問題，貧困の問題やその他の福祉問題などのさまざまな生活問題を抱えながら生活している人々とともに手を携えて問題を解決し乗り越えていくことを目指している。問題を抱えている多くの人たちは，悩みや苦しみ，時に傷つき社会から遠ざけられたり，抑圧されたりする。そのように追い込まれた人々を解放し，安心・安定した生活を送れるように，誰もが一緒に協力し，社会の一員として社会的包摂（ソーシャル・インクルージョン）を促進していくことが必要である。社会的排除（ソーシャル・エクスクルージョン）と対をなす。

第1章　社会的排除（ソーシャル・エクスクルージョン）に関する相談援助

【演習課題】

1. Aさんへの対応として福祉事務所ソーシャルワーカーは，生活保護（医療扶助単給）適応を行い，一時的には落ち着くことができた。退院後にどんな援助が考えられるかいくつかあげてみよう。（個人作業）

2. 援助の方法を5～6人のグループで話し合い，Aさんへの支援計画を立ててみよう。（グループ作業）

■■ 解説 ■■

　社会的排除は，社会不況が繰り返されるヨーロッパにおいて，特に1980年代に起こった脱工業化およびグローバリゼーションの急激な広がりに対し，それらについていけない若者たちの間に大量の失業者が続出した。その事態に対して，当時の社会保障システムでの救済・失業対策等が追いつかない状況・破綻が生じ，そのため多くの失業者が続出するとともに不定期・不安定雇用の拡大が大きな社会問題となった。したがって，ヨーロッパ諸国は，新たな失業対策を模索・検討する必要に迫られたが，即座にこれらの危機に対応することは困難な状況に追い込まれた。結果的に，多くの失業者が，社会保障システムそのものからの排除を受ける結果となった。このように一応の社会保障システムがありながら，それらが破綻したり社会保障の枠外に置かれたりして，社会の救済システムに乗れないあるいは排除された人々の概念として用いられるようになった。

　さて，家族から疎外されたAさんは，一時は社会福祉の支援・援助の枠内に包摂されるが，その後の生活を送っていく中で，社会生活の崩壊の拡大や社会から次第に遠ざけられていく（排除が発生する）経過が観察される。そこには負のスパイラル（連鎖）が見られ，次第に社会生活から疎外されていく過程が明らかとなってくるのである。

　Aさんの失職は，社会全体の経済状況が不況に陥っていく中で，働く場を失いまたAさんの仕事に対しての対応力や無気力な態度を理由に就労の場面が狭められていく。その過程を踏まえ，社会的排除に陥る原因はAさん個人の問題であるのか，あるいはAさんを取り巻く社会情勢（家族および教育も含め）の問題であるのか検討を要する。次に，Aさんへの自立に向けては，Aさん個人のエンパワメントをどのように引き出していくのかが第一の課題となるが，再び社会福祉の援助の枠内（生活保護――医療費単給扶助）に包摂されたことをきっかけに，第二の課題として，第一の課題を含めたAさんの自立に向けて，Aさんと継続的に協働する伴走者（ソーシャルワーカー）が必要となる。この伴走者とともに，Aさんの生活改善や就労意欲向上への援助活動および雇用関係者への連絡・調整など（ハローワークの就労支援ナビゲーターの参加），継続的な援助方法を検討する必要がある。つまり，社会的排除を防止する手立てを援助者側の問題として考察することも重要な課題となる。例えば，人の生活を立て直す基本は，「衣食住」にあるが，さまざまな支援事業が整備されていく中で障害者を含め地域で暮らすための支援事業としての「住居サポート」および生活を継続させるための支援事業としての「就労支援サポート」等があり，それぞれが独自に機能していた感がある。今後は，各機関の連携をスムーズに行うための支援者側および機関の継続的で相互にかかわることができる関係が必要である。つまり，それぞれの援助機関や支援者のネットワークについても具体的にどのように構築していくのか検討していく必要がある。

※演習後，巻末の「事後学習シート (1)社会的排除 」に取り組もう。

第 2 章
高齢者福祉に関する相談援助

(2) 高齢者福祉 ①
　一人暮らし高齢者における在宅生活支援に関する相談援助
(3) 高齢者福祉 ②
　要介護高齢者のニーズと家族介護力の把握に基づいた相談援助

(2) 高齢者福祉 ①

事前学習シート

※「一人暮らし高齢者における在宅生活支援に関する相談援助」の事例を読み，事前学習シートの課題に取り組もう。

1．高齢者の統計データを調べてみよう。　　　　　（　　年　月　日現在）

	高齢化率	65歳以上の者のいる世帯数		認知症高齢者数（Ⅱa以上）
		単　独	夫婦のみ	
全　国				
居住市町村				

（参考文献）

2．地域包括支援センターの機能を調べてみよう。

3．地域包括支援センターの社会福祉士の役割を調べてみよう。

4．この事例でAさんが診断されている傷病について調べてみよう。

5．この事例でAさんが利用可能な生活支援サービスについて調べてみよう。

| 学籍番号 | | 氏　名 | |

(2) 高齢者福祉 ①

一人暮らし高齢者における在宅生活支援に関する相談援助

【事例研究のねらい】
1．高齢者の在宅生活を支える社会資源について知る。
2．相談者の主訴と要援助者のニーズが合致しない場合の支援方法について考える。
3．地域住民や関連機関との連携の必要性について理解を深める。
4．相談援助技術の理論に基づいた支援計画を考える。

　Aさん（76歳　男性）は5年前に妻と死別し、以来一人暮らしである。腰部脊柱管狭窄症のため腰痛と下肢のしびれがあり、数年前から歩行時には杖を使用している。また、糖尿病と高血圧症のため、B医院へ通院している。医師からは止めるよう指導されているが、飲酒・喫煙の習慣がある。収入は月12万円程度の年金があり、買い物や通院時には車を運転して出かけている。子どもは前妻との間に長男が一人いるが、離婚後は長年音信不通である。56歳のとき、再婚を機会に現住所地へ転居してきた。

　民生委員より、「Aさん宅の近所の人から、最近Aさんがゴミ出しの日を間違えることや回覧板を回し忘れることが増えたため心配との相談を受けた。火事や事故を起こさないかについても不安に感じているようだ。不燃ゴミの当番や組長の仕事もこれからはむずかしいのではないかと組内で話題になってきている」と地域包括支援センターへ連絡があった。

　連絡を受けた地域包括支援センターの社会福祉士D氏は、民生委員とともにAさん宅を訪問した。Aさんは、やや難聴気味のようで、ゆっくり大きな声で話せば、聞き取れる様子であった。Aさん宅に入ると、壁ぎわに新聞紙が積み重なり、床のあちこちに空き缶やペットボトル等が散乱、洗濯物も部屋の隅に山積みされている。机の上には、重なり合ったいくつもの郵便物や食品・薬の袋、弁当の容器、吸殻が入ったままの灰皿が置かれており、カーペットにはタバコの灰がおちた跡とみられる焼け焦げも確認された。Aさん自身は物忘れが増えたことは自覚していたが、「腰は痛いけれど、なんとか自分でやっている。（現状の生活で）困っていることは特にない」との返答であった。また、子どものことについて尋ねると「前の（妻）と別れてからは40年間会っていないし、どこにいてどうしているのか知らないよ」と不機嫌そうに話された。家族については、長兄はすでに他界、80歳になる次兄が甥夫妻とともに県外に住んでいるが、遠方であり、高齢のため頼りにはできないとの情報を得た。

　社会福祉士D氏は、Aさんの在宅生活支援を検討・開始した。

【演習課題】
1．事例の中で「Aさんを知る」ために不足している情報を箇条書きしよう。

2．Aさんのエコマップを作成しよう。

3．Aさんへの支援関係構築のため，援助者としてどのような働きかけが必要かをあげてみよう。

第2章　高齢者福祉に関する相談援助

4．Aさんの在宅生活継続を目的とした介護予防支援計画を作成しよう。

現　状	課　題	支援内容	担　当	期　間
運動・移動の様子				
日常生活動作の様子				
社会生活について				
健康管理について				

■■ **解説** ■■

　要援助者が支援を求めないケースでは，支援関係を構築していくことから援助がはじまる。援助者とのラポール形成や要援助者自身が現状理解する過程をどのように支援していくかが重要である。

　相談援助において要援助者主体，価値観の尊重は前提とされるべきことだが，この事例のように「飲酒・喫煙」「運転」が「病状悪化」「火災」「事故」につながるリスクが高いなど「本人がしたいこと」が生命・健康，安全に関わる場合，援助者がジレンマをかかえる原因になることもある。相談者の主訴，要援助者のニーズだけでなく専門職として要援助者の心身状態や生活の様子等を把握し課題整理ができるアセスメントが大切になる。

　また，課題に対してサービスや制度に結びつけ対処するだけの支援計画に留まらず，要援助者本人のエンパワメントや地域住民の理解協力，B医院等の関連機関との連携にも目を向け，支援方法の検討をしていく必要がある。

※演習後，巻末の「事後学習シート (2)高齢者福祉①」に取り組もう。

(2) 高齢者福祉 ②

事前学習シート

※「要介護高齢者のニーズと家族介護力の把握に基づいた相談援助」の事例を読み，事前学習シートの課題に取り組もう。

1．次のニーズについて，福祉用語辞典などを活用して調べてみよう。
① 潜在的ニーズ

② 顕在的ニーズ

2．次のサービス・サポートについて，福祉用語辞典などを活用して調べてみよう。
① フォーマルサービス

② インフォーマルサポート

3．ケアマネジメントの定義と過程について，福祉用語辞典などを活用して調べてみよう。
① 定義

② 過程

| 学籍番号 | | 氏　名 | |

(3) 高齢者福祉 ②

要介護高齢者のニーズと家族介護力の把握に基づいた相談援助

> 【事例研究のねらい】
> 1．ニーズおよび介護力を把握する必要性を理解する。
> 2．フォーマルサービスおよびインフォーマルサポートを活用する必要性を理解する。
> 3．モニタリングを行う必要性を理解する。

1．自宅で倒れ，入院生活となる

　Aさん（女性，84歳）は，10年前に配偶者を亡くし，一人暮らしをしていた。別の地域で暮らしていたAさんの長男Bさん（62歳）は，8年前に離婚した。Bさんには子どもがいないこともあり，離婚後一人で暮らすことにしていたが高齢のAさんのことが心配になり，離婚後しばらくして，Aさんの家でAさんと二人暮らしを始めた。

　その後，AさんとBさんは平穏な日々を過ごしていたが，3か月前にAさんが脳梗塞で倒れ入院した。発病予後は，脳梗塞後遺症で車いす生活になるとともに，排泄の訴えはかろうじてできるが，それ以外は言葉をほとんど発しなくなり，表情も乏しくなった。

2．退院後の生活場所は…。在宅復帰はむずかしい？

　Aさんの病状が安定し，およそ1か月後に退院することが決まった。しかし，退院後，どこで生活するのかは未定であった。

　退院後の生活場所に対するAさんの希望については，Aさんが脳梗塞後遺症により意思疎通がほとんど図れない状態となったため，聞き取り等での把握はできない状況であった。Bさんは介護方法がわからず，また在宅介護に対する漠然とした不安もあったため，同居はむずかしいと考えていた。

3．ケースカンファレンスの成果は？

　Aさんの今後の生活について検討するために，病院内にてケースカンファレンスが行われた。このカンファレンスの参加者は，病院の医師・看護師・医療ソーシャルワーカー，Aさんと以前からかかわりがあったC居宅介護支援事業所の介護支援専門員，Dさん（Aさんの長女，61歳）であった。

　カンファレンスにおける出席者の主な発言内容は，次の通りであった。

　医師：病状は安定しており，入院継続の必要はない。退院後は，往診など定期的な診
　　　　察があれば在宅療養は可能である。

介護支援専門員：入院前のAさんは，常々，自宅で最期まで暮らしたいと言っていた。
Bさん：自宅で世話をしたい気持ちはあるが，介護方法がわからない。一人で介護をするのがとても不安である。
Dさん：Aさんには感謝しているので，可能な範囲でちからになりたい。

4．継続的な話し合いの結果は？

カンファレンスから2日後，BさんとDさん，医療ソーシャルワーカー，介護支援専門員で再び話し合いがもたれた。その場で，Bさんから「自分は定年退職しているので時間はある。できることなら，Aさんが希望をしていたように自宅に帰してやりたい。でも，食事介助や排泄介助の仕方がわからないし，何より介護を続けられるのかが不安です」との発言があった。

これを受けて，介護支援専門員は食事介助などの在宅介護を支援するさまざまなサービスがあることや，介助方法について実技を交えて教えることができることなど，Bさんが不安に思っていることに対して一つひとつ丁寧に相談に乗り援助を行った。また，医療ソーシャルワーカーは在宅医療に熱心に取り組んでいる開業医を紹介できることや，在宅介護が続けられないときには普段から連携している介護老人保健施設への入所が可能であることを伝えた。加えてDさんからは，週に1回程度はAさん宅に泊まって手伝いができるとの意思表示があった。

このような話し合いを経て，Aさんは退院後に在宅復帰することとなった。

5．在宅復帰後の支援状況とAさん，Bさんの様子は？

在宅復帰後のAさん（ADLは全介助，要介護度は4）は，E事業所から定期巡回随時対応型訪問介護看護（毎日），F事業所から通所介護（月・金曜日），G事業所から福祉用具の貸与や購入といった介護保険サービスを利用することになった。あわせて，療養管理のため，H診療所の医師から毎週木曜日に往診を受けることが決まった。

また，Dさんは介護を支援するため，毎週1泊2日（火・水曜日）Aさん宅を訪れることになった。あわせて，Dさんの子どものIさん（Dさんとその配偶者（63歳）の一人娘，32歳未婚）も週に1日（土曜日），Aさん宅に通い介護を行うこととなった。

退院後1か月が経ち，Aさんに時折，笑顔が見られるようになった。またBさんは初めての経験に試行錯誤しながらも，フォーマル・インフォーマルな人々から支援を受けるとともに，介護支援専門員や医師，Dさんなどに相談をして，前向きな気持ちで在宅介護を現在も続けている。

今後もC居宅介護支援事業所の介護支援専門員を中心に，Aさん，Bさんの状態把握や支援状況の確認のために，モニタリングが行われる予定である。

【演習課題】
1. 本事例のジェノグラム，およびAさんの在宅復帰後の状況について，エコマップを作成しよう。

ジェノグラム	エコマップ

2. Aさんの在宅復帰後の状態について，ニーズをひとつ取り上げ，その援助目標，援助内容を下表に記入しよう。

生活全般の解決すべき課題（ニーズ）	援助目標		援助内容		
	長期（期間）	短期（期間）	サービス内容	サービス種別	頻度

■■ 解説 ■■

1．事例研究のねらいについて

　本事例研究のねらいは，①ニーズおよび介護力を把握する必要性の理解，②フォーマルサービスおよびインフォーマルサポートを活用する必要性の理解，③モニタリングの必要性の理解であった。

　まず，ねらい①について，Aさんの在宅復帰が決まり，そして在宅生活が再開したのはAさんの潜在的ニーズ，Bさんの在宅介護に対する考えや不安などの気持ち，およびBさん，Dさん，Iさんの介護力を明確化したことによる。本事例のように，相談援助の専門職は利用者本人の自己実現を支えるために，本人のニーズや家族の意向・介護力に対してストレングス視点をもちアセスメントを行う必要がある。

　ねらい②について，Aさんの在宅生活を支えているのは，定期巡回随時対応型訪問介護看護などの介護サービスや医師の往診といったフォーマルサービスのみならず，Bさん，Dさん，Iさんからのインフォーマルサポートである。このように相談援助の専門職は利用者本人や家族の在宅生活を支えるために，フォーマル・インフォーマルにかかわらず，本人を中心としたソーシャルサポートネットワークを構築していくことが重要となる。

　ねらい③について，相談援助の専門職と利用者とのかかわりは，サービスが開始されれば終るわけではない。本事例ではAさん，Bさんの状態や支援状況の経過観察が継続的に行われている。このように相談援助の専門職は，利用者本人や家族のニーズの変化や提供されている支援状況などを丁寧にモニタリングし，継続的に支援していくことが大切なこととなる。もちろん，「利用者のニーズの変化」「利用者を取り巻く環境の変化」「利用者と環境との関係の変化」がみられる場合は再アセスメントを実施し，ケアプランを見直す必要がある。

2．付　言

　本事例から，相談援助によって利用者本人の生活が大きく変わることが理解できたと思う。相談援助に携わる者は，人の生活，ひいては人生に影響を与えることを自覚して，専門性を日々高めることが求められる。

　本演習課題の解答例については，xiページに示している。この解答例も参考にして，マッピング技法の修得や個別支援計画の作成能力の向上に努めてほしい。

※演習後，巻末の「事後学習シート (3)高齢者福祉②」に取り組もう。

第3章
障害者福祉に関する相談援助

(4) 障害者福祉 ①
　　就労を希望する高次脳機能障害者とその家族への支援
(5) 障害者福祉 ②
　　長期入院している精神障害のある人への地域移行支援

(4) 障害者福祉 ①

事前学習シート

※「就労を希望する高次脳機能障害者とその家族への支援」の事例を読み，事前学習シートの課題に取り組もう。

1. 高次脳機能障害の原因および高次脳機能障害の症状には，どんなものがあるかを調べてみよう。

2. 高次脳機能障害について，あなたが暮らす地域においてどんな支援があるか，また，家族会，当事者会についても調べてみよう。

3. Aさんの事例に出てくる生活や就労を支援する機関や専門職について調べてみよう。
・相談支援事業所

・相談支援専門員

・就労移行支援事業所

・就労継続支援B型事業所

4. 高次脳機能障害者や家族が書いている書籍を1冊読んでみよう。
　（参考までに）
・柴本礼（2010）『高次脳機能障害の夫と暮らす日常コミック　日々コウジ中』主婦の友社
・NPO法人日本脳外傷友の会（2011）『高次脳機能障害とともに　制度の谷間から声を上げた10年の軌跡』せせらぎ出版
・山田規畝子（2013）『高次脳機能障害者の世界　私の思うリハビリや暮らしのこと（改訂第2版）』協同医書出版社

学籍番号		氏　名	

第3章　障害者福祉に関する相談援助

(4) 障害者福祉 ①

就労を希望する高次脳機能障害者とその家族への支援

【事例研究のねらい】
1．当事者像を想像し，「生きる強さ」を見つけるアセスメントを学習する。
2．高次脳機能障害者や家族を支援する機関の役割，地域の社会資源を知る。
3．専門職が当事者会や家族会を知ることの意義を考察する。

　相談支援事業所Ａの相談支援専門員Ｂ氏（以下，Ｂ氏）は，交通事故の後遺症で高次脳機能障害となったＣさんの支援に関わることになった。
　Ｃさん（40歳　男性）は，2年前の交通事故で頭部外傷を負った。手足の怪我は回復し，日常生活に支障はないが，主治医や作業療法士からは，注意障害，記憶障害，遂行機能障害，感情の抑制困難傾向があると説明を受けている。昨年，高次脳機能障害で精神保健福祉手帳2級を取得した。専門学校卒業後，車で現場を回って住宅や店舗の電気工事を行う仕事をしてきたが，事故から1年6か月で傷病手当金の受給期間が満了した時点で退職した。障害年金の受給については，これから申請の手続きに取りかかるところである。週に1回のリハビリ通院は，公共交通機関を利用している。
　Ｃさんは，そろそろ新たな仕事に就きたいと思い始めていた。通院している病院のソーシャルワーカーに相談すると，Ｃさんが住んでいる町には，障害者の生活や就労を支援する福祉サービスがいくつかあるので，まずは，近くの相談支援事業所を訪ねてみるように勧められた。Ｃさんは自分で相談支援事業所Ａに電話をして面談の約束をとり，妻とともに相談に訪れた。Ｂ氏との面接では，「子どもがまだ小さいしね，父親は働いている方がかっこいいじゃないですか。前と同じ仕事ができたら一番いいんですけれどね。妻の力になりたいですし，仕事にむけてやっていきたいんです」と意欲を伝えた。就労への希望を話すＣさんに，Ｂ氏は，Ｃさんに合った就労支援の場を紹介するために，妻からも今の生活の状況を差し支えない範囲で聞くこととした。Ｃさんは，妻（38歳　平日9時〜15時パート勤務で昼間は不在），長男（小3），次男（小1）の4人で暮らしていることや，週に1回，バスと電車を使ってリハビリに通っていること，リハビリをする以外には，自室でゲームをして過ごしていること等を話した。
　妻は，夫が意欲的になってきたことについてうれしく思っているが，一方，夫の行動で気がかりに感じている心配な状況（夫がよく昼寝をしていること，出かける準備を整えるのにとても時間がかかること，以前に比べてとにかくよくしゃべるようになったこと，子どもたちと些細なことでよく口論をしていること，話の中身を断片的にしか覚え

ていないこと）を話し，こんな状態で仕事ができるのかどうか不安に思うと話した。また，自動車保険会社とのやり取りの内容が複雑で，理解することに負担を感じており，他の人はどうしているのかを聞いてみたいと思っているとのことであった。

　面談後，Ｂ氏はＣさんと妻に「高次脳機能障害　家族勉強会」への参加を提案した。Ｃさんと妻はそれぞれが高次脳機能障害についてインターネットで調べているなかで，この勉強会の存在を知っていたが，参加するには至っていなかった。この会は，当事者を家族にもつ人たちが集まって毎月実施している座談会で，Ｂ氏は以前に参加したことがあった。Ｂ氏は，この夫婦が体験者の話を聞くことで，今後の見通しや障害のとらえ方，対応の仕方についてのヒントを見つけることができるのではないかと思い，参加を提案したのである。

　2人は，Ｂ氏とともに勉強会に参加した。50代の夫が当事者だという家族が参加していた。その方は40代で脳梗塞を発症し，復職はできなかったが就労移行支援事業所の利用を経て新たに就職が決まり，サポートを受けながら短時間勤務の仕事に就いていた。妻がＣさんについての気になっている状況をいくつか話すと，勉強会のスタッフとして参加している言語聴覚士から，昼寝をするのは疲れている脳を休めていると考えれば良い，話がまとまらずにしゃべり続けるのは，話をどこで終えたらいいかわからなくなっていて注意が移っていく状況である等々，障害のとらえ方について解説があった。ある家族は，事故後，昼間から寝ていることが多かったが以前からの趣味だったカメラをきっかけに，活動する時間を少しずつのばしていったら体力がついて昼寝の時間も短くなってきている，という自分の息子さんの話を紹介してくれた。また，出かける準備がなかなか整わないので，ホワイトボードに「朝の準備チェックリスト」を作って活用しているという話も伺った。Ｃさんは勉強会の最後に「眠くなるのは脳が疲れているからだというのは，なるほどと思いました。自分では，妻が気がかりに感じているような状況ではないと思うのですが，朝の準備が間に合わないことはあるので，チェックリストは取り入れてみようと思います」と話し，妻は「生活の中でどんなふうに障害があらわれるのかをもっと聞いてみたいと思ったのと同時に，共感してもらえることが嬉しいと感じた会でした。主人と似たような症状，同じ妻としての立場の話を聞くことができてよかったです。交通事故の損害賠償請求を先日終えたという方の話を聞き，自分で保険会社とやり取りをするよりも専門家にお願いする方がよいと感じたので，弁護士さんを紹介してもらうことを検討したいと思いました」と感想を述べていた。

　後日，Ｃさんから相談支援事業所Ａに連絡があった。妻と話し合い，家族勉強会で知り合った40代の人が通っていたという就労移行支援事業所Ｄと自宅から一番近い就労継続支援Ｂ型事業所Ｅについてもっと知りたいとのことであった。Ｂ氏は，近日中に事業所の見学を調整することをＣさんに約束した。

第3章　障害者福祉に関する相談援助

【演習課題】
1．Cさんと家族の「生きる力（強さ）」を書き出してみよう。

2．相談支援専門員のB氏は面接場面で，Cさんとその妻に「今の生活の状況を差し支えない程度で話してほしい」と伝え，Cさん夫妻からは，リハビリ以外の日の過ごし方や妻の不安などが語られた。
　　あなたなら，他にどのようなことを尋ねたいだろうか？　その理由を考察しよう。

| 例）　1日のスケジュール |
| 　　規則正しい生活かどうかや他に興味があることがわかるかもしれないから。 |

■■ 解説 ■■

　アセスメントは，その人が置かれている状況を的確に捉えることである。援助者は，「できなくなったこと」ばかりに目を向けがちであるが，当事者や家族が「できていること」や「生きる力（強さ）」にも注目してほしい。当事者や家族が語る客観的事実からも「生きる力」を読み取ることができる（例えば，バスと電車を使ってリハビリに通っているという事実から，一人で公共交通機関を使うことができている，時計や時刻表を読んで行動することができている人なのだろう，と想像することができる）。援助者は，より多くの「生きる力（強さ）」を見つけられるような質問を投げかける面接を心がけたい。その人の価値観を大事にしたサポートの方法がみつかるヒントとなるはずである。

　奥川幸子は「援助者は，〈私は，誰に対して，その誰とはどのような問題をもっていて，どこで，何をする人か。どこまでクライアントに対して責任を持てる人か〉という，援助者自身の寄って立つ地点を常に明確に意識しながら仕事に臨むことが重要」と述べている。援助者自身が所属している機関の機能や役割，強みや守備範囲を意識しておくのはもちろんのこと，地域にある社会資源を把握していることで"餅は餅屋"，その問題に詳しい人や得意としている支援機関へつなぐことができるのである。

　高次脳機能障害は怪我や病気等が原因で，脳が傷ついたことにより起こる後遺症である。したがって，中途障害であることがその特徴である。当事者や家族をはじめとする周囲の人たちは，それまで当たり前に行うことができていた生活や仕事がうまくできなくなってしまっていることを受け止めるのに時間がかかったり，手足の障害がない場合には生活の中のうまくいかないことを障害のせいであると捉えることがむずかしかったりする傾向があることも知っておくとよい。障害があることの自覚がないために，障害を補うための行動（例えばメモをとるなど）につながらずミスが続くことになったり，失敗を他者のせいにしたりといった振る舞いになってしまうこともある。周りからも自分からも見えにくい障害であるがゆえに，そういった振る舞いが人間関係に影響を及ぼし，離職につながるケースも多い。高次脳機能障害者の就労に向けたトレーニングの中では，できているところを強化しつつ，できていないことを自分でわかることが，就労に向けた大切なプロセスとなる。そのため，その人が障害の状況をどのように捉えているかは面接時に必ず確認しておきたいところである。

※演習後，巻末の「事後学習シート (4)障害者福祉 ①」に取り組もう。

【参考文献】
奥川幸子（2007）『身体知と言語　対人援助技術を鍛える』中央法規，125頁

第3章　障害者福祉に関する相談援助

(5) 障害者福祉 ②

事前学習シート

※「長期入院している精神障害のある人への地域移行支援」の事例を読み，事前学習シートの課題に取り組もう。

1. 精神科病院の病床数，入院患者数，疾病別の患者数，年齢分布，平均在院日数を調べ，現在の精神保健福祉の課題をあげてみよう。

2. 精神保健及び精神障害者福祉に関する法律（精神保健福祉法）に規定される入院制度について調べ，入院患者の人権擁護の視点から精神保健福祉士が果たすべき役割について考えてみよう。

3. 精神障害者地域移行・地域定着支援事業について調べてみよう。

4. Aさんから「障害年金を受けることができるだろうか」と尋ねられた時，精神保健福祉士はAさんに何を確認しなければならないかをあげ，どういった場合であれば受けられるか受給要件を確認しよう。

5. あなたがアパートで一人暮らしをしようとする時，どのような準備が必要となるか，あげてみよう。

| 学籍番号 | | 氏　名 | |

(5) 障害者福祉 ②

長期入院している精神障害のある人への地域移行支援

【事例研究のねらい】
1. 長期入院している精神障害のある人への地域移行支援を関係機関の連携の下で支援を行うことの必要性について学ぶ。
2. Aさんのストレングスに着目し、Aさんが生活を作り上げる過程に寄り添う支援のあり方について学ぶ。
3. 地域のストレングスを活用する支援計画について学ぶ。
4. Aさんの家族の置かれている状況を考え、家族支援の必要性について学ぶ。

　　Aさん（48歳、女性）は、三人きょうだいの2番目に生まれる。大学卒業後、大手企業に勤務したが、半年くらいたって、「上司が自分にだけ厳しい、同僚が自分の悪口をいう、つらい」と母親にもらすようになる。そして26歳のころ、「自分の能力を上司がやっかみ、組織的に自分の企画を隠ぺいするのが許せない」といって退職した。退職後2か月たって、地元のB精神科クリニックを受診したところ、統合失調症と診断され、Bクリニックの紹介でC精神科病院に入院（任意入院）した。Aさんの父親は単身赴任、母親は専業主婦、4歳年上の兄はすでに結婚し遠方で忙しくしており、2歳年下の弟は隣県の工場で勤務し近く結婚して家を出る予定であった。Aさんは2か月で退院し、その後はBクリニックのデイケアに通いながら、徐々に料理プログラムやスポーツプログラムにも参加できるようになって、元来の明るさを取り戻しつつあったが、まだ働くことはできなかった。将来のことを考えて障害年金を受けることができるだろうかと精神保健福祉士に尋ねていた。
　　一方で、母親は、Aさんの病気のことを親戚にも近所の人にも隠そうとしていた。Aさんは母親に止められて弟の結婚式にも出られなかった。このころ、母親が信仰しはじめた宗教の人に「クリニックで出される薬が原因で精神がおかしくなっている」といわれたことから、母親はAさんに、「服薬をやめ、デイケアにも行かないように」と強くいうようになった。服薬中断によりAさんの症状は再燃し、30歳で父親に連れられC精神科病院に再び入院（医療保護入院）することになる。1年後に退院するが、再度の服薬中断によって症状が再燃し、36歳で3度目の入院（医療保護入院）となる。39歳で任意入院に切り替わり、開放病棟で療養生活を送っていた。
　　Aさんは手先が器用で、作業療法士による陶芸教室や手芸教室には欠かさず出席し、楽しそうにおしゃべりをしながら作業に取り組んでいる。また、実習生や新しい入院患

者さんには病棟を案内する姿もよく見られ，面倒見がよい性格である。ある日，Ａさんは仲がよかった同室の人が退院したことをきっかけに「私も退院したい。地元に帰りたい」というようになった。母親に連絡をとると，「Ａのことも心配だが，退院してもらっては困る」という。話を聞くと，Ａさんの弟が仕事で失敗したことでリストラされ，２年前に離婚して実家に戻るが，求職活動もうまく進まず，この１年半は自室に閉じこもりっきりとのことで，母親も疲れ切っているとのことであった。

　Ｃ精神科病院内のケースカンファレンスで，46歳のＡさんに対する支援計画が検討され，地域移行を進める方向性を確認し，Ｄ精神保健福祉士が担当することになった。Ｄ氏は，相談支援事業所のＥ相談支援専門員に相談し，協力を依頼した。Ｅ氏は，Ｃ精神科病院の近くにある社会福祉法人がグループホームを増設しているという情報をＤ氏に伝えた。同社会福祉法人の地域活動支援センターⅠ型に所属するＦ精神保健福祉士も支援チームに加わってＡさんの地域移行支援に取り組むことになった。

　Ａさんは３度目の入院をしてから地元に戻ったことはなく，本当に一人暮らしができるのだろうか，と不安と緊張でいっぱいになっており，「退院したくない，このまま入院していたい」と言うこともあった。Ｆ氏は，Ａさんが安心してショートステイプログラムを利用できるように，インテーク面接ではＡさんが答えやすい質問の仕方を工夫し，Ｅも治療経過や入院生活の様子，退院に向けての不安などを代弁した。Ａさんはり，Ｆ氏と一緒にショートステイプログラムを実施している居室を見学にも出かけた。その後，Ａさんはショートステイを繰り返し，グループホームに入居した。入所に関わる手続きや生活用品の買物，服薬の学習，不安を聞く役割を分担しながらチームでＡさんとともに行った。グループホームでのＡさんの様子は，最初は「風呂の入り方がわからない。ときどき薬を飲み忘れる」など困ることもあったが，「思ったよりも楽しい，なんとかやれそうだ」と感想を言うようになってきた。Ｆ氏はＡさんと定期的に面談する中で，Ａさんの将来に対する希望を注意深く聴くように努めた。

　１年後，グループホームの仲間が一人暮らしを始めたことをきっかけに，「私も，もう少し自由に外出をしたり，自由に食事をしてみたい」というようになった。そこで，主治医のいるＣ精神科病院のチームや相談支援事業所と連携し，Ａさんの地域生活を支援することにした。Ａさんとアパート探しに出かけたＦ氏は，自分の知っている商店街や昔馴染みの店の前で生き生きと道案内をしてくれるＡさんの様子に衝撃を受け，地元がもつ力の大きさにあらためて気がついた。

　現在，Ａさんはグループホームを拠点に，Ｃ精神科病院の外来に通院しながら，Ｂクリニックのデイケアの行事に顔をだしたり，地域活動支援センターⅢ型の見学に行ったり，母親と一緒に地元の商店街にある陶芸教室に参加したり，地元の祭りに出てみたりしながら，少しずつアパートでの一人暮らしを目指して，社会生活を広げつつある。

【演習課題】

1．Aさんのジェノグラム，エコマップ，タイムラインを作成してみよう。

2．Aさんのストレングスをあげてみよう。

3．G精神保健福祉士役とAさん役を決め，グループホームで暮らすAさんの希望を聴く面接場面を想定し，ロールプレイをし，得られた情報をまとめてみよう。

Aさん役：　　　　　　　　　　G精神保健福祉士役：

得られた情報

第3章 障害者福祉に関する相談援助

4．「3.」で得られた情報をもとに，Aさんの今後の支援計画を作成してみよう。

優先順位	希望・願望	今のストレングス	支援目標	支援内容	施設・機関担当者／支援期間

5．Aさんの母親への支援，弟へのアウトリーチについて，何ができるか考えてみよう。

■■ 解説 ■■

1．ストレングス視点に基づく支援について

　ストレングス視点に基づく支援は，当事者が自分自身で設定した目標を達成することを目指す実践である。「疾病の回復」を目指す医療や「問題を抱える人」という見方をするソーシャルワークでは，個人や環境の病理や欠陥といったネガティブな側面に着目してアセスメントをしてしまう。ラップ（Rapp, C.A.）は，そういった従来の病理・欠陥モデルではなく個人と地域の強さに着目するストレングスモデルを提唱した。個人のストレングスの要素には「熱望」「能力」「自信」があり，環境のストレングスには「資源」「社会関係」「機会」があり，それらを活用して「可能性が開かれた生活の場」をともに創造することにストレングスの焦点がある。

　Aさんの今後は，Aさん自身のストレングスと母親を含む環境のストレングスを支え

29

ることによって，最終的にはAさんが精神保健福祉システムから解放され，地域の普通の住民として一般の資源やサービスを利用しながら社会関係を構築していくことを目指していくことになろう。

2．家族支援について

家族は精神障害のある人の生活に大きな影響を与える存在である。ブラウン（Brown, G.W.）らのEE（expressed emotion：感情表出）研究に代表されるように，統合失調症の再発要因として家族の高EE（家族面接で表出される敵意・批判・情緒的巻き込まれのいずれかが高い状態にある家族）が大きく関与することが明らかになっている。高EEは，正しい知識や情報の不足や対処方法の不適切さなどを要因とするもので，障害のある人を抱え込まざるをえない家族の苦悩の表れ，また家族に対するケアの乏しさの表れともいえる。自分の育て方が悪かったのではないかと悩んだり，誰にもいえずにひた隠しにしたり，回復したと安心したとたんに再発して落胆することを繰り返すことで，家族自体が追いつめられることは少なくない。支援者に求められることは，家族の負担や孤立感，混乱状態を支持的・共感的に理解することであり，同時に家族に対して病気の解説，治療経過や服薬の内容，結婚や子育て，使える社会資源，今後の見通しなどの正しい情報をいかに提供するかの工夫である。家族心理教室等は家族同士の経験交流の機会としても有効に機能する。本事例の場合，弟も今後のアウトリーチ（訪問相談・支援）の対象となりうることも視野に入れておく。

※演習後，巻末の「事後学習シート ⑤障害者福祉 ② 」に取り組もう。

【参考文献】

Rapp, Charles A. and Richard J. Goscha (2012) *The Strengths Model: A Recovery-Oriented Approach to Mental Health Services.3rd ed.*, Oxford University Press.（田中秀樹監訳，2014，『ストレングスモデル―リカバリー志向の精神保健福祉サービス』金剛出版）

Brown, George W. (1959) Experiences of Discharged Chronic Schizophrenic Patients in Various Types of Living Group, *The Milbank Memorial Fund Quarterly*, 37(2):105-131.

第4章
児童福祉に関する相談援助

(6) 児童福祉 ①
　　子どもの不適応行動への対応を主訴とする母親へのエンパワメント
(7) 児童福祉 ②
　　虐待を受けた子どもへの児童養護施設と児童相談所との連携による支援

(6) 児童福祉 ①

事前学習シート

※「子どもの不適応行動への対応を主訴とする母親へのエンパワメント」の事例を読み，事前学習シートの課題に取り組もう。

1. 児童相談所による相談援助（在宅支援）の実態について（相談件数，相談内容内訳など）について調べてみよう。

2. 不登校・引きこもりにある子どもたちの行動特徴を調べてみよう。

3. 本事例において，Aが母親に暴力をふるわなくなった要因を考えてみよう。

4. 本事例において，Aが登校をはじめるために必要な支援を考えてみよう。

学籍番号		氏　名	

(6) 児童福祉 ①

子どもの不適応行動への対応を主訴とする母親へのエンパワメント

【事例研究のねらい】
1．不登校・引きこもりにある子どもたちの行動を理解する。
2．支援の優先順位を見極める。
3．子どもを取り巻く環境としての家族への働きかけを学ぶ。
4．面接技法と進め方を学ぶ。
5．エンパワメントアプローチについて理解する。

1．相談に至る経緯

A（14歳　男子：中学2年生）は，中学入学後特に問題もなく通学し，部活動にも励んでいた。しかし，2年生に進級してすぐに登校しなくなった。登校しなくなった当初は，登下校の時間帯以外は外出することもあったが次第に自宅に引きこもるようになり，同時に，母親（38歳　パート）に対して暴言を吐いたり，暴力をふるったりするようになった。母親は学校をはじめとして，青少年センターや教育相談センターなどいくつかの相談機関に相談したものの，Aの不登校の理由もわからず，納得のいく助言も得られずにいた。そのため，Aの登校再開に向けた働きかけの糸口も見出せないまま1学期が終了した。この間，学校からはAの様子伺いの連絡だけで登校の促しなど直接的なアプローチはない。父親（40歳　会社員）は，仕事の多忙さを理由に対応のすべてを妻（母親）に任せている。

2．援助経過

インテーク面接後，児童相談所のB児童福祉司はAへの直接的な働きかけを始める前に，母親の主訴を傾聴することに時間を割いた。数回の面接の中で母親は，Aの登校再開には時間がかかると思っており，改善したいのはむしろ「Aの昼夜逆転生活と母親に対する暴言・暴力」であることが明らかとなった。さらに，そういった状況にあるにもかかわらず，「父親のAに関わる機会の少なさ」や「暴力に対峙しようとしない姿勢」への不満が語られた。そこでB児童福祉司は母親に対して，身体的な危険性を伴うAの暴力に対する介入を第一の支援目標として提示し承諾を得た。そして，母親が実践可能な行動について話し合い，①Aが暴力をふるった場合は室外へ出るなどの避難行動をとること，②暴力をふるわれた時の感情（「痛い」「怖い」「辛い」）をAに伝えることを実践目標として設定した。加えて，「Aの不登校状態を取り巻く状況観察（日常生活状況，不登

校状態になってからの父子・母子関係，夫婦のコミュニケーションの内容と頻度など)」と，「Aの日常行動中で(母親が)早期に改善可能だと思われる内容についてAに改善提案すること」を母親の取り組み課題として提示した。この課題提示の目的は，課題遂行の達成感の積み重ねによる「できる」感覚と自信の回復を狙ったものであった。

　Aの暴力からの避難行動とともにAの行動を注意深く観察することによって，Aが母親に対して暴力をふるう兆候が把握可能となり，その結果，Aが暴力をふるう前に外出や別室に移動するなど，母親自らAの暴力を回避できるようになっていった。また暴力の回避が可能となったことによって，いままでAにいわれるままの状態であったのに対して，次第に母親の要求(「登校を再開してほしいこと」「昼夜逆転の生活を改めること」「暴力をふるわないこと」)を直接的に発言できるようになっていった。このころより，母親に対する暴力は少なくなっていった。

　Aと母親との関係に変化の兆候が見られてきたことから，B児童福祉司は母親との面接と平行して，Aに対する家庭訪問による面接を開始した。また併せて，母親を通して父親に働きかけ，父親との継続面接も始めた。Aとの面接において，Aの高校進学に対する希望と不安を受け止めたB児童福祉司は，メンタルフレンド※の活用を提案。活用に際して，家族での話し合いの場をもつことをAと両親それぞれに課題として提示した。その結果，A自らメンタルフレンドを活用し，進学に備えることを決め，両親もそれを支持した。B児童福祉司はAとの訪問面接をメンタルフレンドの実施に伴い終了し，それに合わせて，夫婦面接を開始した。夫婦面接開始当初は，母親の前で自分の気持ちを語ることに対して抵抗があった父親も，母親の自己開示に触発されて，少しずつではあるが，Aや母親に対する想いを率直に述べるようになった。そして，Aの暴力が父親自身に向かうことへの恐怖感からAとの関わりを避けていたことを母親への謝罪とともに語った。夫婦面接においてこのようなやり取りが行われて以降，家庭での夫婦間の会話が増え，コミュニケーションがスムーズに行われるようになっていった。さらに，夫婦間の会話が増えるにしたがって，Aの母親への暴力はなくなった。と同時に，それまで母親を介して行われていたAと父親との会話が，Aと父親のみでも行われるようになっていき，親子3人の会話も増えていった。家庭内での夫婦関係および親子関係には改善の兆しが見られるようになったが，Aの不登校状態はいまのところ継続したままである。

用語

メンタルフレンド
　児童相談所が不登校やひきこもりなどの子どもに対して，子ども家庭福祉に対する理解と情熱を有する大学生などをその家庭に派遣し，子どもとの交流を通じて子どもの健全な育成を支援する事業。

第4章　児童福祉に関する相談援助

【演習課題】
1．エコマップを作成してみよう。

2．Aの課題（ニーズ）をアセスメントしてみよう。

課題（ニーズ）	望ましい目標・結果

3．Aが再び登校を始めるうえで利用可能な社会資源をリストアップし，社会資源マップを作成しよう。

4．今後の支援計画を立ててみよう。
(1) 援助目標

(2) 具体的な長期目標

(3) 短期目標

	支援内容など	支援機関および担当者
①		

■■ 解説 ■■

　非行や不登校，引きこもりなどの子どもの不適応行動に対しては，カウンセリングや心理療法など子どもへの直接的なアプローチを考えるのが一般的である。しかし，子どもの不適応行動は，子ども自身の個人的要因よりも，むしろ環境による影響が大きい。過干渉や過保護，あるいは無関心・放任といった保護者の子どもへの関わり方や社会的モデルとして父親像の弱体化などの家族力動（family dynamics）が関連していることも多い。そのため，子どもに対する直接的なアプローチだけでは，行動の安定化にはつながらないことが多い。逆に，家族を中心とした環境への働きかけによって，状況が改善していく場合もある。したがって，子どもの不適応行動に対する支援においては，子どもと保護者の援助プロセスへの積極的参加が重要な鍵となる。

※演習後，巻末の事後学習シート「(6)児童福祉①」に取り組もう。

【参考文献】
田中英樹・中野伸彦編（2013）『ソーシャルワーク演習のための88事例　実践につなぐ理論と技法を学ぶ』中央法規
山根常男・玉井美智子・石川雅信編著（2006）『テキストブック家族関係学　家族と人間性』有斐閣

(7) 児童福祉 ②

事前学習シート

※「虐待を受けた子どもへの児童養護施設と児童相談所との連携による支援」の事例を読み，事前学習シートの課題に取り組もう。

1．児童養護施設を中心とした社会的養護を利用している子どもたちの現状について調べてみよう。

2．虐待を受けた子どもの行動特徴について調べてみよう。

3．児童養護施設の職員体制や支援内容について調べてみよう。

4．本事例において，施設と児童相談所の支援計画にズレが生じた要因を考えてみよう。

学籍番号　　　　　　　　　　氏　名

(7) 児童福祉 ②

虐待を受けた子どもへの児童養護施設と児童相談所との連携による支援

【事例研究のねらい】
1. 虐待を受けた子どもの行動を理解する。
2. 入所児童の施設内外での不適応行動への対応を学ぶ。
3. 保護者を巻き込んだ支援体制構築を考える。
4. 児童養護施設と児童相談所の協働と役割分担を理解する。
5. 家族再統合に向けたアセスメントと保護者支援を学ぶ。

1. 事例の概要

　本事例は，家庭における盗み食いや学校での他児への乱暴など，不適応行動を繰り返すA（女児：小学2年生）に対して腹を立てた母親（37歳）が，熱湯を浴びせて火傷を負わせた身体的虐待事例である。Aへの虐待行為は，今回に限らず，殴打や食事を与えないなど，乳児期から断続的に繰り返されていた。そのためAは，幼児期に児童養護施設への入所を経験している。両親の強い希望もあって小学校入学を機に家庭に引き取られ，在宅による親子関係再構築のための支援が実践された。しかし，母親のAへの「躾」と称した虐待行為が再発した。そのため児童相談所が，再度，家庭からの分離を図り，Aは一時保護を経て児童養護施設への入所となった。家庭は両親とAの三人世帯で，父親（40歳）は建設会社を経営し，母親は専業主婦である。父親は，母親のAへの行為は認めているものの，それはすべてAの問題行動が原因であり，躾の一環と考えている。

2. 経　過

　Aの担当者である児童養護施設の児童指導員（以下，指導員）と家庭支援専門相談員（以下，FSW〔ファミリーソーシャルワーカー〕とする）は，Aの入所時に「虐待を受けた子どもが示す行動」や「家庭からの引き取り要求」に適切に対応することを目的に，担当児童福祉司と児童心理司による定期的な施設訪問によるフォローアップと家庭訪問による保護者の状況把握を実践方針として確認した。幸いにして，入所後2年間はAの不適応行動も家庭からの引き取り要求もなく推移した。母親はこの間の児童福祉司による訪問面接を通して，「（自分の）暴力的な行為がエスカレートしていくことの危惧やAに対して愛情がもてないこと」などを語り始めるようになっていた。一方，Aは入所後，担当指導員とともにおおむね月1回のペースで火傷の治療のための通院を継続していたが，この1対1の時間がAと指導員とのラポールを形成することにつながった。その

第4章 児童福祉に関する相談援助

後，入院・手術の必要性が生じ，手術の同意を得るための家庭訪問がFSWと児童福祉司によって行われた。この家庭訪問で手術の同意は得られたものの，手術終了後の引き取りの意向が母親より示された。そのため，母親の養育上の葛藤とAの不適応行動との関連について説明し，「長期的な施設利用による展望をもった家庭引き取り」という支援計画を伝えて了承を得た。しかしAの入院中に強引な引き取りの行動化も予測されたため，FSWは児童福祉司に病院関係者（主治医・病棟看護婦・医療ソーシャルワーカー）とのカンファレンスを依頼した。依頼を受けた児童福祉司は，Aの入院中における保護者対応の役割分担を確認した。一方，施設ではカンファレンスを実施し，「入院中の担当指導員のAへの関わりが，Aの行動的・心理的な安定を図るうえで重要である」ことを確認したうえで，担当指導員を中心にした面会スケジュールを組み，それを施設全体でサポートすることとした（しかし実際には，Aの入院中に担当指導員以外の施設職員の面会はほとんど実施されず，担当指導員ひとりに負担がかかる結果となってしまった）。Aの入院中，母親は数回面会に訪れ，Aに対して帰宅の働きかけを行ったが，主治医を中心とした病院スタッフの適切な対応によって引き取りには至らなかった。

入院中の担当指導員の熱心な通院によって，退院後の施設での生活でAは今まで以上に甘えを見せ始めるようになったが，その反面，近隣のコンビニエンスストアでの万引きや同室の年少児への圧力，学校でのいじめなど施設内外での不適応行動も顕著となってきた。そのため担当指導員は，A入院時の面会の負担感とも相まって，Aとの関係の取り方に困難性を感じるようになってきていた。またこの時期，母親からのAの引き取り希望が，児童相談所に対してだけでなく施設に対しても出されるようになり，アポなしでAとの面会に施設を訪ねてきたり，外泊希望をしたりするなど，積極的に行動するようになってきた。また担当指導員に対して，「Aを受け入れられなかったこと」や「養育に余裕がなかったこと」などの内容を語るようにもなった。そのため担当指導員は，「Aと母親との関係の修復の兆しが見え始めた」と感じるようになった。Aとの関係の取り方に困難性を感じていたこととも重なって，担当指導員は外泊や入退院に関して母親に積極的に関与させる必要性を主張するようになり，施設と児童相談所との支援計画にズレが生じてきた。そのためFSWが間に入る形で，Aの行動の意味と担当指導員との関係性および家庭との関わり方のバランスの取り方についての理解と担当指導員へのサポート体制を構築することを目的としたカンファレンスを実施した。しかし，支援計画に対する担当指導員の合意は得られなかった。そのため，保護者からの外泊希望に対して積極的でないAを帰宅させたりするなど強引に家庭との交流を図る働きかけを始めてしまった。一方，施設と児童相談所の担当者間の不調和を反映するかのように，Aの施設内外での不適応行動はエスカレートし，施設職員間では「虐待を受けた子どもの行動特徴」であるとの理解は示しつつも，他の入所児童や学校との関係への配慮から次第に対応困難児童として捉えるようになっていった。

【演習課題】
1．Aのジェノグラム・エコマップを作成しよう。

2．Aの抱える課題（ニーズ）をアセスメントしよう。

課題（ニーズ）	望ましい目標・結果

3．Aの行動の安定化を図るうえで活用可能な社会資源をリストアップし，社会資源マップを作成しよう。

第4章　児童福祉に関する相談援助

4．今後の支援計画を立ててみよう。

(1) 援助目標

(2) 具体的な長期目標

(3) 短期目標

	支援内容など	支援機関および担当者
①		

■■　**解説**　■■

　虐待を受けた子どもへの支援は，安心・安全な生活環境を基盤とした当たり前の生活の提供（生活の日常化）から始まる。このことを基本として，日常の何気ない交流から信頼関係を構築し，そのプロセスの中で心身の癒しを図っていく。しかし，その癒しのプロセスの中で，子どもたちは虐待（的）環境の中で生きていくために身につけざるをえなかった不適応行動を発現する。言い換えると，虐待（的）環境への適応の結果身についた自己防衛的行動である。虐待を受けた子どもへの支援に携わる者は，このことを正しく理解しておく必要があると同時に，保護者にも十分に理解してもらう必要がある。施設内虐待や家庭での再虐待を防ぐ意味でも，子どもの行動に対する保護者，施設，児童相談所の共通理解と支援における協働体制が重要である。

※演習後，巻末の事後学習シート「(7)児童福祉 ②」に取り組もう。

【参考文献】
田中英樹・中野伸彦編（2013）『ソーシャルワーク演習のための88事例　実践につなぐ理論と技法を学ぶ』中央法規

第 5 章
虐待事例に関する相談援助

⑻ 高齢者虐待
　認知症の母親に対する息子からの虐待
⑼ 障害者虐待
　一般事業所で就労している軽度知的障害をもつ従業員に対する同僚からの心理的虐待が疑われる事例
⑽ 児童虐待
　虐待事例への介入的アプローチと支援的アプローチ

(8) 高齢者虐待

事前学習シート

※「認知症の母親に対する息子からの虐待」の事例を読み，事前学習シートの課題に取り組もう。

1. 「高齢者虐待の防止，高齢者の養護者に対する支援等に関する法律」（以下，高齢者虐待防止法）の概要について調べてみよう。

2. 高齢者虐待防止法に規定された内容をもとに，高齢者虐待防止における地域包括支援センターの役割について整理してみよう。

3. 厚生労働省が毎年公表している「高齢者虐待の防止，高齢者の養護者に対する支援等に関する法律に基づく対応状況等に関する調査結果」について調べてみよう。

4. 危機介入の理論について整理してみよう。

| 学籍番号 | | 氏　名 | |

(8) 高齢者虐待

認知症の母親に対する息子からの虐待

【事例研究のねらい】
1．家族による虐待の背景や原因について理解する。
2．家族による虐待への介入方法について学ぶ。
3．高齢者虐待防止法による法的根拠に基づく対応方法について学ぶ。
4．関係機関との連携について学ぶ。
5．被虐待者の生活の安定に向けた支援方法について検討する。

1．プロフィール

　Aさん（75歳　女性）は現在，無職の長男（45歳）と二人暮らしである。Aさんと夫は10年前に近隣の市からB市に移り住み，公営住宅に入居した。入居後しばらくして，Aさんの夫は他界した。その後，一人暮らしを続けていたが，2年前に長男が勤めていた会社が倒産し，失業した長男がAさん宅に転がり込んできた。そして，1年ほど前から，Aさんには徐々に認知症の症状が現れはじめ，長男が介護をしてきた。Aさんは，まだ要介護認定を受けておらず，介護保険サービスは未利用である。また，長男はB市以外での生活が長かったため，近所付き合いが全くない。Aさんには長男以外にも，県外で会社員をしている次男がいるが，Aさんの介護には協力的ではない。Aさんと夫は昔，子どもたちへのしつけが厳しかったので，今でも子どもたちとの折り合いが悪い。近頃，Aさんが外出している姿をめっきり見かけなくなり，長男の怒鳴り声や大きな物音がよく聞かれるようになった。

2．インテーク

　地区担当の民生委員は自治会長より，Aさんが長男から虐待を受けている可能性があるとの報告を受け，すぐさま民生委員は地域包括支援センターの社会福祉士へ通報した。しかし，自治会長と民生委員は，虐待の疑いに関する通報をしたことで，自身へ危害が及ばないかを心配していた。社会福祉士は，高齢者虐待防止法第8条により通報者の秘密は守られることを話し，自治会長と民生委員に安心感を得てもらった。そして，速やかに社会福祉士は，B市の高齢福祉課へ高齢者虐待の疑いの通報があったことを連絡した。

3．事実確認

　社会福祉士は情報収集と状況把握のため，Aさん宅を訪問することを決めた。しかし，虐待の疑いを持っていることを長男に知られないようにするため，訪問理由を介護保険制度のPR活動のためとした。

　社会福祉士がAさん宅を訪問すると，長男が玄関口に出て来て，介護保険制度のパンフレットを受け取った。すぐに長男が扉を閉めかけたので，Aさんに面接したい旨を伝えたが，Aさんの体調が悪いことを理由に面接を拒否した。社会福祉士が食事などの準備について尋ねると，毎日コンビニ弁当を購入しているとの返答があった。一度，B市の保健師と一緒に訪問して，健康チェックをさせてもらいたいというが，何もいわずに扉を閉められた。結局，Aさんに面接できず，状況把握ができなかった。

4．第1回高齢者支援検討会議の開催

　すぐに地域包括支援センターに戻り，B市役所高齢福祉課のソーシャルワーカーと保健師，民生委員が同席し，第1回高齢者支援検討会議を開催した。協議の結果，①Aさんの安否確認，②緊急性の確認，③本人の意思確認，④虐待をしていると疑われている長男の思いの確認を行うため，地域包括支援センターの社会福祉士とB市役所の保健師でAさん宅に再度訪問し，事実確認を行うことになった。そして，高齢者虐待防止法において，虐待の疑いがあると認める時には市町村権限として，「立入調査の実施」（法第11条）および「警察署長に対する援助要請等」（法第12条）があることを確認した。

5．再度の事実確認

　会議の翌日，地域包括支援センターの社会福祉士とB市役所の保健師がAさん宅を訪問すると，長男は買い物に出かけ留守で，Aさんが扉を開けた。Aさんは比較的元気そうであるが，服装は少し汚れていた。今日は保健師が健康チェックをする旨を説明し，家の中にあがらせてもらった。台所にはカップラーメンやコンビニ弁当のゴミが散乱しており，部屋の中は整理整頓されておらず，ゴミ屋敷状態になっていた。

　Aさんの血圧等の健康面は問題なさそうであるが，顔や腕にあざが数カ所あった。Aさんは長男から暴力をふるわれたといった。また，年金も長男が管理して，自由になるお金が全くないことを訴えた。認知症のためか記憶が曖昧なところもあったが，最近は全く外出をさせてもらえないので，以前に通っていた高齢者サロンにも行けていないことに不満をもらしていた。しかし，Aさんは長男と生活し続けることを望んでいた。

　しばらくすると，長男が買い物から帰宅し，留守中に家の中にあがっていることに激高したが，すぐに落ち着きを取り戻した。そして，長男はAさんがいうことを聞かない時に，時折暴力をふるうことを認めたが，身体的虐待は否定した。また，長男はAさんの年金がなければ，二人の生活が成り立たず，年金を侵奪しているつもりはないといった。

6．第2回高齢者支援検討会議の開催

　面接の結果を踏まえて，第2回高齢者支援検討会議を開催した。協議の結果，長男による身体的虐待と経済的虐待があると判断した。そして，適切で十分な食事が提供されていない可能性があり，介護放棄（ネグレクト）の疑いもあると判断した。

　当初，「老人福祉法による措置制度」での対応も視野に入れていたが，緊急性は低く，長男が介護保険制度の利用に同意し，B市へ要介護認定の申請を行った。そして，長男はこれまでAさんの介護を一人で担ってきたため，疲労困憊の状態にある。そのため，Aさんはデイサービス（通所介護）とショートステイ（短期入所生活介護）を利用して，長男の介護負担の軽減を図ることになった。

　経済的虐待への対応として，成年後見制度を利用するかどうかは，少し経過を観察して判断することになった。そのため，地域包括支援センターの社会福祉士が継続してAさんの支援を行うことも確認された。

【演習課題】

1．Aさんのジェノグラム，エコマップを作成してみよう。

2．Aさんと長男が抱えている生活課題について，まとめてみよう。

3. この事例において，介護保険制度で支援可能な範囲と困難な範囲を明確にしよう。また，困難なものについては，どのような支援の方法があるか考えてみよう。

■■ 解説 ■■

　地域には今回の事例のように誰にも助けを求めず，孤立した状態で介護を続けている家族介護者が存在している。さらに以前に比べ，近所付き合いが少なく，家事や介護に不慣れな男性が主たる介護者になっている割合も増加している。そのため，高齢者虐待を防止するためには，社会から孤立している人たちの掘り起こしを継続して行う必要がある。

　また，虐待への介入は慎重な対応が求められ，法的根拠に基づく対応も求められる。そして，市町村の責任主体を明確にしたうえでの介入が重要である。さらに虐待や介護放棄などで介護保険制度では支援困難な場合，市町村権限である「老人福祉法による措置」（老人福祉法第10条）で施設への入所や居宅サービスの利用ができることを理解しておく必要がある。しかし実際は，加害者からの分離や施設入所は容易ではなく，地域で安心して暮らし続けられるための支援方法や社会資源の充実が重要になってくる。

　今回の事例は，そもそも家族関係に問題があり，そのうえ長男の経済的困窮も相まって虐待問題として表面化した。家族による虐待の背景や原因について留意することは大切なことである。また，今回の事例のように，自分の行動が虐待とは考えていない加害者もいることも認識しておく必要がある。

※演習後，巻末の「事後学習シート (8)高齢者虐待 」に取り組もう。

(9) 障害者虐待

事前学習シート

※「一般事業所で就労している軽度知的障害をもつ従業員に対する同僚からの心理的虐待が疑われる事例」を読み，事前学習シートの課題に取り組もう。

1．障害者虐待の防止，障害者の養護者に対する支援等に関する法律（障害者虐待防止法）の条文から「障害者虐待」の定義を調べてみよう。
【障害者虐待の定義】

2．「障害者虐待の範囲」について整理してみよう。
【障害者虐待の範囲】

区　　分	内　　容	具　体　例
虐待		
虐待		
虐待		
虐待		

3．自分の住んでいる地域の「使用者による障害者虐待の対応・防止」について調べ，連携する施設・機関，利用可能な制度やサービスを書き出してみよう。

| 学籍番号 | | 氏　名 | |

(9) 障害者虐待

一般事業所で就労している軽度知的障害をもつ従業員に対する同僚からの心理的虐待が疑われる事例

【事例研究のねらい】
1. 虐待発生時の対応や虐待を防止するための取り組みについて理解する。
2. 「人の心理」「環境」等，虐待が発生する要因について理解する。
3. ソーシャルワーカーとして，企業内支援者の育成や同僚の障害に対する理解を促すための方法を理解する。

1. 事例の概要

Aさん（22歳　男性）は，保健所の3歳児健康診査で発達の遅れが指摘され，その後，医療機関で「自閉症スペクトラム症候群」の診断を受けた。小・中・高と特別支援学校に通い，卒業後は地元の製菓工場に障害者雇用で就職した。WAIS-III（ウェクスラー式知能検査）ではIQ65，療育手帳はB判定である。郊外の公営住宅で母親（51歳）と同居（ひとり親家庭）しており，職場（工場）へは公共交通機関（徒歩およびバス）を利用して通勤している。母親は看護師として市内の総合病院に勤務しており，夜勤を伴う変則勤務である。

ある日，Aさんが利用している障害者就業・生活支援センターのB就業支援ワーカーは，Aさんから「職場で同僚の仲間に入れてもらえず，厳しく怒られることも多くつらい」「仕事を続けていく自信がなく，もう辞めたい」との相談を受けた。B就業支援ワーカーは，Aさんの気持ちを受け止めつつ，詳しく話を聞いてみると，Aさんは休憩時間もひとりで過ごしていることが多く，Aさんだけ職場の飲み会や行事などに誘われない。時には勤務時間中等に同僚から無視されたり，上司の主任からは「なんでできないんだ」「いつも同じミスばっかりしやがって」などと人前で厳しく叱責されたり，同僚から「あっちにいけ」「お前のせいで仕事が進まない」などと悪口をいわれたりすると，つらい気持ちを話してくれた。

Aさんからの相談を受けて，B就業支援ワーカーは「仲間に入れない」「意図的な無視」「人前での叱責や悪口」などが心理的虐待にあたると判断し，Aさんの秘密は守られること（相談・通報者の保護，守秘義務）を説明し，C市役所の障害者虐待防止センターに通報した。

虐待の通報を受けた障害者虐待防止センターのD主幹はセンター内で個別ケース会議を実施し，緊急性の判断と，今後の対応を協議した。

第5章　虐待事例に関する相談援助

2．虐待通報後の対応
　協議の結果，今後の対応として，以下の4点を実施することとなった。
(1)　市役所内のコアメンバーで協議し，B就業支援ワーカー（通報者）等から情報収集し，緊急性を判断する。
(2)　本人の要望や生命・身体に危険性があると判断される場合は，短期入所施設の利用や日中活動の利用などクライエントの保護方法を確保する。
(3)　Aさんと面談を実施し職場での状況および事実確認を行う。
(4)　事業所（Aさんの勤務先）の協力が得られる場合は，訪問調査を行う。

　コアメンバーでの協議結果を受けて，D主幹はB就業支援ワーカーに電話で連絡を取った。B就業支援ワーカーの話によると，Aさんは落ち込んだ様子で障害者就業・生活支援センターを訪れ，「これまでなんとか頑張ってきたけど，もう限界だ」「仕事に行きたくない」といっており，前述のように職場内で同僚の対応も厳しいと話していたとのことであった。D主幹はすぐにAさんに連絡を取り，自宅を訪問することとなった。Aさんは最初，緊張した様子であったが，「仕事で苦手なことはどのようなことですか」「職場でつらいと思うことを教えて下さい」などの開かれた質問を活用してAさんの思いを傾聴するうちに，職場での状況を話してくれるようになった。工場では，製品（菓子）の検品と箱詰め作業を担当しており，作業は丁寧であるが他の従業員より時間がかかる傾向がある。また，Aさんは言語で自分の考えを伝えることが苦手であり，自分の意見や思い，作業中の質問や業務報告などを同僚に言葉で伝えることがむずかしい。また，コミュニケーションが苦手なため自分の考えを相手にうまく伝えられず，仕事上のミスを報告しなかったり，能力的に無理な作業を引き受けたりしてしまうこともある。
　しかし，同僚からは掃除や片付けなど他の人が嫌がる仕事を押し付けられ，仕事が遅いと「お前のせいで今日も残業だ」「何やっているんだ，早くしろ」と叱責され，ひとりだけサービス残業させられたりする毎日である。職場の忘年会やスポーツ大会などの行事には自分だけ誘われず，休憩時や昼食時もひとりで過ごしており，業務中や休憩中にAさんが上司や同僚に何かいっても返事をしてくれないこともある。事業所のE社長だけは自分の話をよく聞いてくれるが，いつも忙しく工場にはあまり顔を出さないことが多いようであった。
　Aさんと面談したD主幹は，事業所のE社長が状況打開の切り口になると考え，B就業支援ワーカーとともに事業所を訪問し，E社長と面接する機会を設定した。
　Aさんが勤めている工場は地元でも積極的に障害者を雇用しており，障害者雇用率を毎年達成している事業所である。E社長も障害に対しての知識や理解があり，面倒見の良い社長といった感じである。しかしながら，障害をもつ従業員と他の従業員との間には壁を感じており，障害者雇用で就職した従業員は障害をもつ従業員同士か，ひとりで

過ごしている場面をよく見かける。職場環境の物理的なバリアフリーには取り組んでいるが，心理的なバリアを取り除くのはむずかしいと常日頃から感じている。工場長や主任といった上司を職場内支援者として育成することがむずかしく，OJT や OFF-JT も積極的に取り入れたいと考えているが，どのようにすればよいのかわからないとのことであった。

　Aさんは，新たに就職活動をして新しい職場に就職することは心身ともに負担であり，できれば慣れたこの工場で働き続けたい。社長だけでなく工場長や同僚にも障害のことをわかってほしいとの希望であった。また，自身の作業能力や社会性を向上するためにも SST（社会生活技能訓練）や研修を受けたいと話していた。障害者虐待防止センターの障害者虐待対応チーム（コアメンバー）は，関係機関からの情報収集，Aさんとの面接，事業所への訪問等の結果，心理的虐待の可能性が高く，Aさんに対する支援と事業所に対する支援の両面からの対応（介入）が必要であると判断し，個別ケース会議を開催して支援方針の協議を開始した。

【演習課題】
1．本事例においてAさんが継続して働くために必要な支援をグループで検討し，優先順位，支援内容，担当施設・機関および職種，支援期間（時期）を協議しよう。

優先順位	支援内容 （利用可能な社会資源を明記する）	担当施設・機関 および職種	支援期間 （時期）

第5章 虐待事例に関する相談援助

2. Aさんの主訴である製菓工場での就労継続をするためには，職場の理解（行動変容アプローチ）が不可欠です。職場の障害に対する理解を深めるために必要な「労働者への研修（障害者虐待防止法第21条）」をグループで企画しよう。

※必要に応じて別紙（模造紙やA4またはA3用紙）を使用し，企画書には研修の目的や効果，対象者，具体的内容（講師・実施日時・回数・研修プログラムなど），留意点などを記載する。

【企画書様式例】

○○研修　企画書	
1．研修の目的	
2．期待される効果	
3．研修の対象者	
4．研修の内容 ※講師，実施日時，回数，研修プログラムなど	

■■ 解説 ■■

　虐待対応では，クライエントの安全確認を最優先するとともに，虐待対応チーム（コアメンバー）を組織して初期対応にあたることが重要となる。通報や相談を受け付けた時点で障害者虐待発見チェックリスト等を活用し虐待の有無と緊急性を判断する。特に生命や身体に危険が及ぶ可能性がある場合は，早急にクライエントの一時保護（居室の確保）や警察署長への援助要請などの措置をとることが不可欠であり，本事例のような心理的虐待においても自死などの可能性も考慮して障害者就業・生活支援センターや通所施設等を活用して一時的な避難場所を確保することも検討する必要がある。

　緊急性の判断やクライエントの安全が確保された後，あるいは情報が不足する場合は，通報者やクライエント，関係施設・機関から情報収集を行う。虐待事例では，クライエントや通報者保護のためにも虐待をしたと疑われる人に対する対応は慎重に行わなけれ

ばならないが，虐待の事実確認を行うためには原則として養護者の自宅や施設，事業所への調査（立入調査）が必要である。クライエントの安全確保後や調査の結果，緊急性がないと判断される場合は個別ケース会議を開催して今後の支援方針を協議する。

本事例の場合は，以下の事後対応が考えられる。

> 1．都道府県労働局や公共職業安定所（ハローワーク）等と連携して事業所に対する行政指導や是正勧告を依頼する。
> 2．クライエントに対しては，障害者就業・生活支援センターや地域障害者職業センターなどの障害福祉サービスの積極的利用や成年後見制度の利用支援を行う。
> 3．事業所に対しては，障害の理解および虐待防止に関する研修の実施や事業所内の苦情処理体制整備を支援する。

障害者虐待では，虐待を受けたクライエントだけでなく，虐待を防止するために養護者や施設従事者，使用者への支援も欠かせない。特に雇用関係では使用者と従業員の間にパターナリズムの関係が起こりやすい構造であり，また，職場内での排除は「障害者虐待防止法」で定義されている「心理的虐待」や「放棄・放置（ネグレクト）」であるとの判断がむずかしい事例も多い。そのため，障害者雇用では障害者の受け入れや就労定着に向けて，上司や同僚の障害者に対する理解や接し方などを学ぶことが不可欠であり，障害者虐待防止法第21条に規定されている「労働者の研修の実施」や「苦情の処理の体制の整備」等の措置を講じ，職場内の障害者を支える仕組みや相談体制の整備が求められる。

障害者虐待対応にあたるソーシャルワーカーは，虐待発生時の初期対応だけでなく，ハローワークや地域障害者職業センターなどと連携して事業所（職場）内の障害に対する理解を促し，障害をもつ人とともに働くという共生の視点をもって障害者虐待防止に取り組む必要がある。

※演習後，巻末の「事後学習シート (9)障害者虐待」に取り組もう。

【参考文献】
厚生労働省 社会・援護局 障害保健福祉部 障害福祉課 地域移行・障害児支援室（2012）「市町村・都道府県における障害者虐待の防止と対応」

(10) 児童虐待

事前学習シート

※「虐待事例への介入的アプローチと支援的アプローチ」の事例を読み，事前学習シートの課題に取り組もう。

1．児童虐待の防止等に関する法律（児童虐待防止法）の特徴と問題点について調べてみよう。

2．子ども虐待対応における児童相談所の専門職の役割と対応の流れを調べてみよう。

3．この事例で保護者との関係づくりのアイディアを列挙してみよう。

4．この事例における家族再統合とは，どのような状態だろうか，考えてみよう。

学籍番号　　　　　　　　　　氏　名

⑽ 児童虐待

虐待事例への介入的アプローチと支援的アプローチ

【事例研究のねらい】
1．援助への動機づけのない保護者との関係形成を学ぶ。
2．適切な介入の方法と介入後の支援を学ぶ。
3．法的対応※への転換の判断を理解する。
4．家庭からの分離直後の子どもへのサポートを学ぶ。
5．家族再統合に向けた支援的アプローチを学ぶ。

1．経　過

　A（16歳　女子：高校2年生）が父親（42歳　無職）の暴力によりけがをさせられ、警察に保護を願い出たことから、児童相談所に通告があった。通告を受けた児童相談所では緊急受理会議を開催し、被虐待児として受理するとともに、同日、職権による一時保護を実施することを決定した。警察官に伴われ、児童相談所に来所したAは、縫合が必要なほどの怪我を左前腕部に負っていた（Aによれば、飲酒した父親より包丁を投げつけられたとのこと）。さらに、右足首には虐待が疑われる殴られたような痕が見られた。

　児童福祉司Bは、Aに対して事実経過の確認と一時保護所での生活のオリエンテーションを目的とした面接を行った。この時Aは、帰宅や面会等今後の父親との関わりを一切拒否するとともに、家庭から離れることを希望した。また面接に同席した警官から傷害事件として取り扱うことが提案されたが、父親を犯罪者にしたくないとの想いから拒否した。B児童福祉司はAの意向を尊重することとし、今後の父親への対応を行うこととした。

　警察から児童相談所でAが保護されていることを知らされた父親は、自分の行為に対する反省はもとより虐待に対する認識も乏しく、逆に「不当な保護である」という理由で怒鳴り込み、Aの引き取りを要求した。対応したB児童福祉司は、法に基づく対応であることを伝えるとともに今回の経緯について聴取しようとしたが、父親は終始、威圧的に「不当な保護である」ことを主張し続け、Aの引き取りを強く要求した。

　その後、B児童福祉司は手紙や電話によって来所を促すが、父親は電話で一方的に怒鳴り立てたり、B児童福祉司に対する脅迫ともとれる言動を繰り返したりして、Aの引き取りを要求した。一方、Aに対しては、B児童福祉司を中心として児童心理司や児童指導員による面接が継続的に実施され、心理面でのサポートを行った。この間Aからは、父親との生活を拒否する意向が一貫して語られた。

第5章　虐待事例に関する相談援助

　B児童福祉司の再三の説得にようやく父親が応じて，2回目の面接が実施できたのは，Aを一時保護して4週間目に入った頃であった。父親は依然として，親権者であることを理由に引き取りを要求し，Aの気持ちや意向を聞き入れる様子は見られなかった。一方で，Aの家庭での生活のルーズさと通学に対する強い関心が語られた。そこでB児童福祉司は，引き取りの要求に対しては一貫して拒否しつつも，父親のAに対する思いを傾聴することに努めた。その結果，Aの施設入所の同意についての進展はなかったが，一時保護の了解は得ることができた。しかし，その後も父親のB児童福祉司に対する脅迫的な言動や応対をためすような行動は続いたが，時折，生活状況が困窮しつつあること，体調が不調であることなども語り始めるようになった。

　そのような中，父親の突然の来所によって面接の機会を得たB児童福祉司は，父親の顔色の悪さに気づき病院受診を勧めた。父親からは経済的に困窮しているため受診できないこと，家賃滞納による住居の立ち退きを迫られていることが話された。そこでB児童福祉司は，福祉事務所に父親の生活保護受給申請と入院可能な病院の紹介を依頼した。父親は受診の結果，内蔵疾患の再発によって入院することとなった。父親は生活状況の急変によりAの引き取りを断念したものの，施設や里親を利用することについては，何かと理由をつけては拒否をし続けた。

2．家族背景

　父親は25歳のときに妻（母親）（当時22歳）と結婚し，Aが生まれた。結婚当時，父親はスーパー店員，妻（母親）はそこでパートとして働いていた。結婚後の父親は就労が長続きせず，そのため妻（母親）の収入に依存する生活が続いていた。また，結婚当初から，妻（母親）は，父親から暴力をふるわれており，Aが生まれてからも暴力は断続的ながら継続していた。特に飲酒するとひどく，妻（母親）だけでなくAに対しても暴力をふるうことがたびたびあった。Aは自分が暴力をふるわれるか，もしくは母親が暴力をふるわれている場面を絶えず目にするという生活を幼少期から体験してきていた。そのため母親はAを連れて何度も家出を繰り返していたが，その都度父親に連れ戻されていた。Aが中学2年生の時に，妻（母親）が家出し，その後，協議離婚が成立した。母親は離婚に際して，Aの引き取りと親権を要求したが，父親は聞き入れる余地なく，結局，Aは父親と生活することとなった。ひとり親となってからも父親の就労は長続きせず，経済的には困窮していた。しかし，Aが高校へ進学しアルバイトをするようになってからは，Aのアルバイト収入を生活のあてにするなど，Aに依存した生活をするようになった。

　Aは高校1年生の時に，日常的な暴力とアルバイト収入をせびられる生活に耐えかねて，一時，母親のもとに身を寄せたが，自分を残して家出した母親に対する不信感と父親が改心した態度を見せたこともあって，1か月もしないうちに自ら父親のもとへ帰っていた。

【演習課題】

1. Aのジェノグラム・エコマップを作成してみよう。

2. 考えられる課題（ニーズ）をアセスメントしてみよう。

課題（ニーズ）	望ましい目標・結果

3. 家族再統合に向けた支援を展開していくうえで必要だと思われる社会資源をリストアップし，社会資源マップを作成してみよう。

第5章　虐待事例に関する相談援助

4．今後の支援計画を立ててみよう。
(1) 援助目標

| |
| |

(2) 具体的な長期目標

| |
| |

(3) 短期目標

	支援内容など	支援機関および担当者
①		

■■ **解説** ■■

　子ども虐待事例においては，保護者が虐待を認めないか，認めていたとしても支援を拒否するなど，保護者との相談関係が形成できず，問題解決に向けた協働体制が取れない場合がある。その場合，児童相談所では子どもの権利擁護という見地から法的対応を採ることになるが，その結果，子どもをめぐって保護者と対立関係となることもある。対立から協働への関係性の転換をどのように図り，支援的アプローチにつなげていくのか。第三者からの通告から介入的な支援がスタートすることの多い子ども虐待事例への対応のむずかしさのひとつである。

※演習後，巻末の事後学習シート「⑽ 児童虐待」に取り組もう。

用語

法的対応
　児童福祉法および児童虐待防止法に規定されている児童相談所による権限行使のことである。具体的には，保護者の同意を得ない一時保護（職権一時保護），家庭裁判所の承認に基づく施設入所等（強制入所措置）および強制立入調査（臨検・捜索），親権の一時停止や喪失などを意味するものである。

【参考文献】
高橋重宏・山縣文治・才村 純編（2002）『子ども家庭福祉とソーシャルワーク（社会福祉基礎シリーズ⑥ 児童福祉論）』有斐閣
田中英樹・中野伸彦編（2013）『ソーシャルワーク演習のための88事例　実践につなぐ理論と技法を学ぶ』中央法規

第6章
家庭内暴力(DV)に関する相談援助

⑴ 家庭内暴力(DV)
　夫の暴力に悩む女性への相談援助

(11) 家庭内暴力 (DV)

事前学習シート

※「夫の暴力に悩む女性への相談援助」の事例を読み，事前学習シートの課題に取り組もう。

1．「配偶者からの暴力の防止及び被害者の保護に関する法律」（以下 DV 防止法）の前文をよく読み要約してみよう。

2．DV 防止法における「配偶者からの暴力」の定義をまとめてみよう。

3．DV 防止法に規定されていない DV の種類について調べてみよう。

4．配偶者暴力相談支援センターの業務を書き出してみよう。

| 学籍番号 | | 氏　名 | |

⑾ 家庭内暴力（DV）

夫の暴力に悩む女性への相談援助

【事例研究のねらい】
1．DVの本質を理解する。
2．ソーシャルワーカーとしてクライエントとどのように関われば良いかを理解する。
3．クライエントにとって必要な援助を考える力を身につける。

　Aさん（29歳　女性）は，2歳の子どもを連れて配偶者暴力相談支援センター（以下DV相談センター）を訪れた。DV相談センターのソーシャルワーカーは，Aさんの話を聞くこととなった。
　Aさんは，短大卒業後に就職した会社で知り合った10歳年上の男性と24歳で結婚。夫はよく仕事ができ，リーダーシップのある男性で，AさんにとってもAさんの両親にとっても，理想の結婚相手であったという。夫の強い希望でAさんは結婚とともに退職し，専業主婦となった。夫は日に何度もAさんにメールを入れ，すぐに返事をしないと家に電話をかけてきて，家にいないことがわかると帰宅後執拗に一日の様子を聞いた。それが夫からの愛情だと思い，Aさんも友人と会うのも控え，なるべく家にいるようにした。また，「お前は働いているときから会社の役に立っていなかった」「何もできないお前と結婚してやった俺に感謝しろ」「今おまえが食べていけるのは俺がいるからだ」「俺の言うとおりにしていれば間違いはない」などとよくいわれ，そのことについても特に異論はなかったという。
　しかし，ある時，学生時代からの親友の結婚披露宴に招待されたAさんはどうしても参加したいと思い，夫にそのことを伝えると「男を探しに行くのか」と怒鳴られ，殴られるようになった。これらをきっかけに何かにつけ暴力をふるわれるようになり，その暴力はますますエスカレートしていった。Aさんは離婚も考えたが，妊娠していることがわかり，生まれてくる子に父親がいないのはかわいそうだと思い，結婚生活を続けることを決めた。そのため，Aさんは夫を怒らせないように努力したが，夫はささいなことで怒り出し，暴力をふるうという繰り返しの生活が続いた。
　なお，Aさんの両親は非常に厳格であり，離婚などは考えられないし，相談もできないともいう。昨夜，夫が子どもの泣き声がうるさいことを理由に子どもにも手をあげたことから，このまま結婚生活を続けていくのが良いのか恐怖と不安を感じた。かといって，能力のない自分がひとりで子どもを育てていく自信もなく，どうしてよいかわからなくなって，ネットで見つけたDV相談センターに相談に来たという。

【演習課題】

1. Aさんが，夫からふるわれている暴力にどのような種類のものがあるだろうか。DV防止法に規定されているものに限らず，すべて書き出してみよう。

2. DV相談センターのソーシャルワーカーとして，Aさんの話を聞くときに心がけるべきことを書き出してみよう。

3. Aさんのストレングスを書き出してみよう。

4. 今までのことを話したAさんにまずどのような言葉をかけるとよいか考えて，セリフにしてみよう。また，それを伝える理由を書いてみよう。

SW：
理由：

5. Aさんの状況をアセスメントしてみよう。

第6章　家庭内暴力(DV)に関する相談援助

6．ジェノグラムとエコマップを作成しよう。

7．Aさんにとって必要な援助を考えてみよう。

■■■　解説　■■■

　DVとは，夫婦に限らず，親しい関係において，一方が他方を支配することを目的としてふるわれる暴力である。社会的な力関係を反映して，男性から女性にふるわれることが多いが，男性が被害者になる場合もあることも忘れてはならない。

　DVはさまざまな形であらわれ，事例のように精神的暴力・身体的暴力・社会的暴力が同時に行われることもあれば，精神的暴力だけが行われる場合もあるが，そのダメージは大きく精神的な疾患に至る場合もある。

　また当事者は，自分が悪いから夫は暴力をふるうのではないかと自分を責める傾向が強い。相談しても「あなたが悪いから暴力をふるわれるのではないか」と責められることも多く，それによりさらに傷つくこと（二次被害）もある。ソーシャルワーカーは二次被害を与えないためにも，「暴力はどんなものであれ良くないものである」という認識を常に持たなければならない。そして，利用可能な社会資源，サービスを説明し，問題解決に向けて自己決定できるように援助することが求められる。また子どもがDVを目撃することは児童虐待にあたるため，子どものケアも必要である。

※演習後，巻末の「事後学習シート (11)家庭内暴力（DV）」に取り組もう。

第7章
低所得者に関する相談援助

⑿ 低所得者
　母子家庭生活困窮者への生活援助

⑿ 低所得者

事前学習シート

※「母子家庭生活困窮者への生活援助」の事例を読み，事前学習シートの課題に取り組もう。

1. 厚生労働省が発表する，最近の生活保護受給者の全体像を調べてみよう。
   生活保護受給世帯，生活保護受給者，65歳以上の高齢者受給世帯，障害者世帯，母子世帯受給者など。

2. 生活保護の基本的な仕組み，原理を調べてみよう。

3. 福祉事務所の組織について生活保護のほかにどんな機能があるか調べてみよう。

4. 生活保護対象者への就労支援事業には，「就労自立」のほかに「社会生活支援」と「日常生活支援」などがあるが，どんなプログラムがあるか調べてみよう。

| 学籍番号 | | 氏　名 | |

(12) 低所得者

母子家庭生活困窮者への生活援助

【事例研究のねらい】
1. 生活困窮は、低所得・貧困問題を抱える人々の生活問題として構造的に捉え、家族問題へ及ぼす影響を理解する。
2. 低所得・貧困問題に対応する社会資源のひとつとしての生活保護への理解を深める。
3. 母子家庭生活困窮者が社会資源として活用できる、さまざまな福祉サービスや社会制度について学習し、その活用方法についても理解を深める。
4. 生活保護制度へ包括される人々への理解（苦しみや・悲しみ）を深め、貧困問題を社会全体の問題として捉え、その支援・取り組みについて考察する。

1．母子家庭生活困窮者への生活援助

　Aさん（41歳　女性）は、8歳の女児（小学2年生）と4歳の男児の二人を抱え、家賃4万5千円のアパートで暮らしている。Aさんは10年前に結婚し前夫との間に二人の子どもをもうけた。当時、夫は商社に勤めていたが、不況の影響によって会社の業績が悪化し、会社は社員の人員を削減することで会社の存続を図ることとなった。それに伴って、夫は関連子会社への転勤を余儀なくされ、単身赴任の形で現在の住居からB市へ移って行った。夫の希望は家族そろってB市への転居であったが、Aさんの体調（慢性の疾患で長期に受診している病院に通院している）の関係で、夫は、単身赴任を選択せざるを得なかった。その後、夫とはこの単身赴任および別居生活などをきっかけに家庭生活との両立も次第にうまく保てなくなり、Aさんが子どもを引き取り生活費の一部と子ども二人の養育費については引き続き面倒を見ることを条件に離婚した。前夫は、口約束にもかかわらず毎月きちんと生活費の振込みを行っていたようである。それを頼りにしながら、離婚後4年間は子育てに関するノウハウを教えてもらったり、また心の支えとして遠方の父母にも助けられ子育てをしながら何とか生活をしてきた。しかし、Aさんの母子家庭暮らしも5年目に入りアルバイトは時々行っていたが、そろそろ子どもにもお金がかかるようになってきた。そこで、収入を得るため何か仕事を探さなければと考えるようになった矢先、前夫からの生活費の振込みが途絶えてしまった。連絡をとろうと携帯にかけたが通話不能となっていた。Aさんは、ほとんど残高の少ない自身の貯金通帳をにらみながら、これから子どもの養育にかかる費用や今後の生活をどうしたらよいか不安が募り、何が起こったのか頭の中が真っ白になり、しばらくの間理解することができなかった。

2．Aさんの前夫の状況

　単身赴任の形で現在のB市へ移った前夫は，関連子会社で働いていたが，3年ほど経過した後でその子会社も倒産し，職を失ってしまった。雇用保険（失業等給付）の受給・ハローワーク通いを繰り返しながらもその後何とか契約社員として働いたが，いずれも安定した職場は望めず，6か月～1年程度の短期間の仕事（非正規雇用）しかなく生活不安定な状況に追い込まれていった。この間家族との離婚やその後の生活費の送金等が重なって，次第に自分自身の生活および体調不良等支障をきたすようになっていった。体調を気遣いながらも雇ってくれそうな会社をいくつかあたったが，不況のせいか長期で雇ってくれそうな会社はなかなか見つからなかった。次第に短期雇用やアルバイト等の仕事に狭められていった結果，思うように収入が入らなくなり手持ちの預貯金を崩さざるをえず，現在住んでいるアパートの家賃等の支払いにも支障をきたすようになってきた。現実的には，わずかに残った手持ち金は，生活費を優先せざるを得なくなり，送金ができなくなってしまったとのことであった。

3．Aさんの生活問題解決に向けて

　前夫からの送金が途絶えた3か月後，「アパートの家賃の引き落としができない」という通告封書が預金銀行を通じて届いた。Aさんは預貯金の残高が残り少ないことを承知していたが，両親からの金銭的援助はこれ以上望めず，現在の状況では手の施しようがなかった。子どもには不自由をさせたくないとの焦りから，Aさん自身は1日に食べるのも一食，二食と減らし，いよいよ生活困窮に追い込まれたある日，Aさんは家主さんを訪ね，思い切って状況を話してみた。意外にも家主さんからは，アパートの家賃については今後話し合うこととして，地区担当の民生委員に相談するよう助言をしてくれた。Aさんの窮状を見かね，早速紹介してくれることとなった。地区担当の民生委員は，Aさんの話に耳を傾け，今後力になることを約束してくれた。そして，ただちに住居地を管轄する福祉事務所の生活相談員（ソーシャルワーカー）に連絡を取ってくれた。

4．福祉事務所生活相談員との面接

　翌日，Aさんは福祉事務所の相談窓口を訪ねた。そこでは福祉事務所の生活相談員であるYソーシャルワーカーが対応してくれた。Yソーシャルワーカーは，Aさんのこれまでの生活状況に耳を傾けてくれ，母親一人で子育てをしていた苦労をねぎらってくれた。「母子家庭での苦労や悩みがたくさんおありのようで大変だったでしょう。将来の生活を一緒に考えていきましょう。私もできる限りお手伝いさせてもらいます」と力強く励ましてくれた。

第 7 章　低所得者に関する相談援助

【演習課題】
1．母子家庭生活を余儀なくされたAさん家族が抱える生活問題について，さまざまな方向（心理的，社会的，経済的側面）から検討し書き出してみよう。

2．母子家庭と低所得・貧困問題の連鎖（スパイラル）について，なぜ起こるのか検討してみよう。

3．福祉事務所ソーシャルワーカーは，今後Aさんの就労支援をどのように行ったらよいか，Aさんのストレングスを考慮し，就労意欲向上等エンパワメントアプローチの方法論も踏まえてグループで話し合ってみよう。

■■　解説　■■

　一般的に低所得や困窮の状況に陥る経過を観察すると，社会全体の経済的落ち込みから始まり，労働市場の冷え込み・低迷という社会問題が発生し，人々の労働や雇用に影

響を与え，個人の低所得・貧困問題を引き起こし，さらに家族状況の変化へと影響が及び，ひいては家族の崩壊や破綻に追い込まれるようになる。その貧困の連鎖（スパイラル）はさまざまな場面（職場・家庭・学校）で生活問題を引き起こし，さらに負の連鎖の悪循環へと進んでいく様子が見て取れる。援助者としては，こうした低所得・貧困問題を抱えた人々への具体的な支援とは何かを検討していく必要がある。同時に，こうした人々の社会的な背景（地域住民としての立場や社会サービスの公平性・平等性）を考慮しながら，個人の日常生活の苦しみや悲しみを理解し，その人との信頼関係や思いやりの共有を構築していくことのできる専門職としての技術を獲得することがなにより必要となる。そのためにはソーシャルワーカーの仕事（実践）は，人々の抱える生活の問題に関与し，さまざまな困難な状況に取り囲まれたその人々の環境に対して働きかけができることが重要となる。

　このような低所得・困窮問題を抱えた人々への実際的な支援については，初期の段階で経済的支援が必要となる場合が多いと思われる。つまり，相談援助の現場では相談者の多くがそれまでの生活状況を訴える内容やその援助を求めてくる状況は，緊急性や一時避難的なセーフティネットである生活保護の対象であり，そうでなくても社会サービスおよび社会資源などを最大限活用することが必要となる人々である。次の段階は，低所得や困窮の連鎖を断ち切るための経済的自立支援の道筋をつけることであろう。ここで必要となるのが，就労自立支援事業である「就労自立」や「社会生活支援」「日常生活支援」などのプログラムを有効に活用することであり，ソーシャルワーカーは低所得者や困窮者が陥りがちな負の連鎖（貧困のスパイラル）を断ち，自立の道筋をともに検討していくこととなる。

　また，母子世帯の問題は家族問題のひとつであるが，母子世帯にいたる経過を検討していくと経済的な問題に加え心理的な問題（離婚・失踪・DVによる恐怖，家庭不和，不安・自尊心の喪失など）を抱えている場合が多い。また，社会的不利な状況としては母子世帯への社会的偏見・差別などが多くの場面でみられ，これらが母子で生活していくうえにさまざまな影響を与えている場合もある。したがって，母子世帯への経済的援助および就労支援においてはこうした点に配慮しながら適切に援助活動を行う必要がある。これらに沿っていえば，事例における社会福祉事務所のソーシャルワーカーの取り組みは，困窮に追い込まれた母子世帯に対して，生活問題への介入とそこで発生した心理的な問題および社会的不利への介入である。つまり，Aさん自身の生きる力を引き出し，自ら生活意欲を増進させたり就労意欲を向上させたりできるように支援していくことである。

※演習後，巻末の「事後学習シート (12)低所得者 」に取り組もう。

【参考文献】
東京ソーシャルワーク編（2011）『How to 生活保護』現代書館

第8章
ホームレスに関する相談援助

⒀ ホームレス
　ホームレス巡回相談員による支援

⑬ ホームレス

事前学習シート

※「ホームレス巡回相談員による支援」の事例を読み，事前学習シートの課題に取り組もう。

1．「低所得者に対する支援と生活保護制度」のテキスト，並びにホームレスの自立の支援等に関する基本方針からホームレスの定義や生活状況を調べてみよう。

2．ホームレス支援には，どのような人が関わっていくのか考えてみよう。

3．この事例で，Aさんの生活状況の問題を考えてみよう。

4．新たな生活困窮者自立支援法の概要を調べてみよう。

学籍番号　　　　　　　　　　氏　名

⒀ ホームレス

ホームレス巡回相談員による支援

【事例研究のねらい】
1．ホームレスに関わる相談援助技法としてアウトリーチを理解する。
2．ソーシャル・インクルージョンの実際を理解する。
3．ホームレスの就労支援はどのような制度があるのかを理解する。
4．ホームレス相談に関わる支援者のあるべき姿を理解する。
5．ホームレスに陥る状況とはどのようなものであるかを理解する。

　B県C市では，社会福祉士会に依頼し，行政機関とともにホームレスの巡回相談を行っている。数年前に行われたホームレス全国調査（生活実態調査）時に，河川敷に新たに小屋を立て生活をしていたホームレスがいるとの情報が市民から寄せられた。行政機関との協同調査の際，近隣のホームレスからも同じように最近住み始めたとの情報を得た。その近くには以前から別のホームレスが住んでいたが，50メートルほど奥まった場所にブルーシートでできた小屋を発見した。河川敷のこの小屋を訪問し，初回の面談を行うが，拒否的な対応で名前や以前の居住地の話を避けていた。本人状況は，年齢60歳くらいでやせ形男性として，面接記録にはD川河川敷男として登録することとした。本人からは福祉に頼る気がないことやこのままの生活で十分であり，今後の訪問を拒否された。定期巡回をかさねる度に雑談には応じるが，自ら氏名や過去を語ることはなかった。近隣のホームレス仲間からの情報では，氏名はA氏（この時点では名字のみの把握）で以前は会社を経営していたようである。記録には，本人確認があるまで仮称A氏とすることとなった。月に一度の健康確認と称して訪問を重ね，訪問時に生活状況を聞くと，古紙やアルミ缶などを集め，金銭に代えて生活費にしていた。1日の生活費は，1,000円～2,000円くらいで，ほとんどは食費や酒代，飼っている多数の猫の餌代になっていた。また，アルコール摂取量が多く訪問時に寝ていることが多くなっていた。廃品収集の折には，酔って自転車から落ち，ケガをすることが多くなった。面談時に行政機関（福祉事務所）に相談することを勧めるが，頑なに拒否をするため継続して訪問を行い，A氏との関わりを維持していく方針を取ることとした。

　ホームレスの実態に関する全国調査では，毎年，全数調査としてホームレスの目視調査を行っているが，5年に1度の実態調査を実施することとなり，A氏訪問時に調査目的を説明したところ，今までになく協力的に調査に協力する姿勢があり，過去の経歴の一部を話すようになった。A氏の出身は近隣のE市で，建設関係の会社を経営していた。持家があり，妻と生活していたが不況のあおりと放漫経営のため会社を倒産させて

しまった。また，友人の借金保証人となるなど負債を抱えているような話をしていた。名前については，名字のみカタカナで調査票に記入したが，過去の生活や家族については答えることはなかった。

　全国調査後，継続的にA氏を訪問したが，自らの過去は語らず，近隣ホームレスの情報や自身の廃品回収の稼ぎなどを話すだけであった。面談中に手の震えや痛みなどの訴えがあるが，行政機関（福祉事務所）への相談や医療機関の受診などは依然拒否的であった。手の震えが悪化しているため，相談員が行政機関（福祉事務所）への相談と受診を促すが，A氏は過去の借金を気にしているため拒否的であった。そこで，巡回相談員はホームレス支援を行っている市民団体を通じて法曹関係者（法テラス）へつなぎ借金の清算調査を行うが，借金はすでに時効となっていたことがわかった。体調の悪化もあり，医療機関を受診する必要性が高くなったため，生活保護を申請して民間団体が運営している無料定額宿泊所を利用することとなった。その後，生活保護を受給し，近隣のF病院のG医療相談員を通じて通院となった。一時的に病状はよくなったが，その頃から行政機関を通じず自分でアパート探しを行うようになった。また，飲酒や無断外泊などが目立つようになり，施設ともトラブルを起こして退所し，所在不明となってしまった。

　行政機関から連絡を受けた相談員は，A氏の旧居所（河川敷）を再度訪問するとその場所で生活をしていた。本人より施設では自由に生活できないこと，利用した施設では個室といっても狭い空間であったこと，食事は提供される弁当を配られるだけで生活について相談する職員がいなかったこと，さらに，本人に手渡される金額の詳細がよくわからなかったこと，ただ施設で生活していただけで，生活保護費を受け取りに役所に行くだけの生活であったと話していた。相談員から体調の安定とホームレス生活の脱却を働きかけたが本人は納得せず，その後も巡回訪問を続けることとなった。半年後，居所内で動けない状態になっていたA氏を相談員が発見し，救急搬送を行い，施設入所時に利用していたF病院へ搬送された。病院では，G相談員および行政機関ホームレス担当課の職員，医師等と話し合いを持ち，生活保護の再申請を行い入院となった。検査の結果，栄養不良のためしばらく入院して点滴治療することと以前の肝臓疾患は通院して継続治療していくこととなった。

　退院後は，福祉団体の運営しているシェルターに入所し，同団体の社会福祉士がA氏と面談を行った。A氏は以前とは違い巡回相談員やシェルターの相談員には生活歴や不安なことを話すようになった。生活保護申請時の年齢は52歳，職業は建設会社経営であったこと。出身はC市の隣のH市で，何年も連絡を取っていないが兄弟や別れた妻と子どもがいたが，現在は所在不明であることを話していた。C市に来る以前は，県内のI市（ホームレスが多数確認されている）で建設会社の寮に住み込んで日雇い作業員をしており，不況のあおりで仕事が減り貯金を切り崩して生活していたが，仕事が見つから

第8章 ホームレスに関する相談援助

ないストレスなどから飲酒が増えていった。親族が住んでいるH市へ行くことは親族に迷惑をかけることがあるので，以前の仕事の関係で地理を知っているC市の公園や地下道で寝泊りをしていたところで，ホームレスと知り合い，廃品回収を始めた。仲良くなったホームレス仲間の近くに小屋を建て生活を始めたと話していた。廃品回収の生活は，景気に左右されて安定せず，市の条例で廃品は資源ごみとして回収されて集まりが悪くなり，市内全域を回る労力の割に金銭収入が減ってきた。施設を出た理由は，施設での生活は制限が多く無為に過ごしているのみであったこと，ホームレス生活に戻ってみたが生活と健康上の不安を常に考えていたが，相談する人がいなかったと話していた。

本人およびシェルター相談員と巡回相談員，シェルターを支援しているボランティアなどでA氏と今後の支援について協議し支援計画を作成した。A氏はシェルターに入居している生活困窮のため住居を失った子ども連れの夫婦との関係が良好で，時間があるときに子どもと遊んだり散歩したりして過ごす姿が見られ，ホームレス生活時代のような人を拒否する姿は見られなくなっていた。しかし，健康不安と建設業以外の仕事についたことがなく，新しい仕事に対する不安をもっていた。今後については，医療の継続による健康維持と就労訓練の必要があること，シェルターの利用期間は原則として3か月であるため，新たな居所生活ができるように食事自炊の訓練などを行うことと段階的なモニタリングを実施して社会復帰支援を継続することとした。

【演習課題】
1．Aさんに対しての相談技法（アウトリーチ）を考えてみよう。

2．自立に向けたＡさんの利用可能な社会資源マップの作成しよう。

3．Ａさんのシェルター利用時の支援計画を作成しよう。

優先順位	課題 (ニーズ)	支援目標	支援内容	施設・機関 担当者	支援期間

第8章 ホームレスに関する相談援助

■■ 解説 ■■

　ホームレス対策の契機は，1990年代からもたらされたといえる。実際は歴史的に見ても貧困が生み出したものといえるが，今日では企業の倒産・リストラやバブルの崩壊など経済構造が生み出した時代といえる。また，派遣や非正規雇用労働者と正規雇用労働者との格差もその要因である。近年の調査ではホームレスは減少傾向となっているが，実態はホームレス自身の高齢化や，社会的に適用がむずかしい階層，精神や肉体的に障害を持っていること，隔離された社会（病院，矯正施設）などからの復帰が困難な人々とされる。

　ホームレスになりうる要因は先に述べた理由で，擬態的には借金・倒産・リストラ・社会的適合などであり，自ら原因を明かすことは少ない。また，若年者に比べ年齢やホームレス年数を重ねることで社会復帰が困難になっていく人が多いとされる。当事者は何らかの理由があってホームレス生活を余儀なくされ，自ら積極的に福祉を利用することも少ないために，ソーシャルワーカーとしてアウトリーチによる相談援助を行うことが必要となる。加えて，支援を求めていない当事者と社会資源を結びつけるための相談援助技法とホームレスの生活上の課題を理解すること，社会福祉士としてソーシャルアクションを活用して拠点整備や各機関との連携などを行うことが援助の基本とされる。この事例では相談の初期は，公園・河川敷・地下道などの野外で巡回相談を行うため，夕刻や夜間に巡回することもあり，路上生活者の理解と相談の基本である信頼関係の構築を行ったうえで本来の相談支援が開始される。

　社会福祉では，ソーシャル・インクルージョンといわれるが，一般社会では地域の住民にとってホームレスを受け入れることはむずかしく，ホームレスの相談は市民からの通報が多い。その住居も河川敷・公園・地下道などで一般市民との接点が少なく，風貌も他者から受け入れ難いという環境にある。さらに，その収入の大部分は古紙やアルミ缶などの廃品を回収することであること，被用品を放置することなどが地域住民の受け入れをむずかしくさせる原因でもある。

　この事例は，解決までには至っていないが，関わりのプロセスと当事者が抱える問題やホームレス問題で課題とされる貧困ビジネスなどがホームレス支援の背景にあることなども理解してもらいたい。

※演習後，巻末の「事後学習シート ⒀ ホームレス 」に取り組もう。

第9章
権利擁護（成年後見制度）に関する相談援助

⒁ 権利擁護（成年後見制度）
　認知症のある高齢者を虐待から護（まも）る成年後見制度

⑴⑷ 権利擁護（成年後見制度）

事前学習シート

※「認知症のある高齢者を虐待から護る成年後見制度」の事例を読み，事前学習シートの課題に取り組もう。

1．虐待を受けている高齢者の実態（虐待者の特徴，被虐待者の特徴，相談・通報件数，虐待判断件数，虐待種別，深刻度等）を調べてみよう。

2．成年後見制度の趣旨，理念，支援内容，利用方法等について調べてみよう。

3．認知症のある高齢者にとって「尊厳ある生活」が保障されるとはどのような生活か，具体的に考えてみよう。

| 学籍番号 | | 氏　名 | |

⒁ 権利擁護（成年後見制度）

認知症のある高齢者を虐待から護（まも）る成年後見制度

【事例研究のねらい】
1．認知症のある高齢者の権利を擁護する支援の意義について学ぶ。
2．認知症のある高齢者に対する権利侵害が起こりやすい構造について考える。
3．申立人となる親族がいない場合の市町村の責務について学ぶ。
4．成年後見制度の活用の意義について学ぶ。

　Aさん（75歳　男性）は，息子のBさん（48歳）と二人暮らしをしている。Aさんの姿を半年近く見かけなくなったことを心配した近所の人が民生委員に相談し，民生委員が家庭訪問をした。その時Bさんは留守で，Aさんが玄関口に出てきた。Aさんは半年前から10kgほど体重が落ちたようで足元にもふらつきが見られ，話の内容から認知症の症状も進んでいるようであった。民生委員は地域包括支援センターに相談をもちかけた。その日の午後，地域包括支援センターのC社会福祉士がAさん宅の前まで行くと，Bさんの怒鳴り声が聞こえてきた。

　C氏はAさんを確認し，ふらふらしている様子なので病院へ行くよう勧め，BさんとともにAさんを病院へ連れて行った。病院で検査をしたところ脱水症状のため緊急入院が必要となった。数日後，病院のソーシャルワーカーから，「あちこちにあざがみられるため，このまま退院させることに不安がある」と相談された。そこでC社会福祉士はAさん，Bさんから事情を聴くことにした。

　Bさんは高校卒業後，運送会社の事務の仕事をしていたが，会社でトラブルを起こして28歳で退職し，そのまま実家で生活している。Bさんは子どものころから優秀な兄と比較されたことで劣等感を抱いており，それを今も恨みに思っているとのことである。Aさんに対して大声を出したり，暴力をふるうことは以前からあった。1年位前から，Aさんの預金通帳と印鑑はBさんが管理保管している。Bさんは毎日Aさんに菓子パンをひとつ買ってきて渡しているという。またひとりで散歩に出ると危ないので出さないようにしているとのことであった。

　Aさんは保険会社を定年退職後，地域の住民からゲートボールをやらないかと誘われて行くようになったが，息子が働いていないことや暴力をふるうことは「恥ずかしいこと」なので，そのことは誰にも相談したことはなかった。70歳を過ぎたころから認知症の症状が出始めたが，病院に行っていないし，介護保険も利用していない。Aさんの妻は32年前に乳がんがもとで亡くなり，その後再婚はしていない。長男がいるが，結婚して海外で生活しており，年間を通してほとんど連絡はない。Aさんは，自宅を追い出さ

れたくないと思って，今の生活を我慢して送っていた。
　C氏は，介護保険を利用して訪問介護を受けるようBさんに何度も勧めたが，Bさんは「福祉の世話にはならない。この家には他の誰も入れない」といって承知しない。食事として菓子パンひとつだけでは栄養が足りないことを指摘するが，Bさんは，「体重が増えると介護が大変になるから痩せさせる方がいい。いろいろな種類のパンを買うので栄養のバランスは大丈夫だ」と言い張り，さらには「親父が俺にしたことを考えたら今の生活は自業自得だ」ともいう。

【演習課題】
1．Aさんのジェノグラム，エコマップ，タイムラインを作成しよう。

2．Aさんが置かれている状況をアセスメントし，即時対応が必要な課題をあげてみよう。

第9章 権利擁護（成年後見制度）に関する相談援助

3．認知症のある高齢者に対する虐待が発見された場合，なにをすべきかあげてみよう。

事例の続きを読み，以下の課題に取り組んでください。

> C氏が所属する地域包括支援センターは，AさんをBさんのもとに返すことによりAさんの命や身体に危険が生じる可能性があると判断し，関係機関との連携によって，措置による施設入所とBさんの面会制限を決定した。
>
> その後のBさんは，地域包括支援センターの相談窓口を毎日のように訪れ，「お前らが俺の人生をダメにした」と怒鳴ったり，「生きる気力もない」と泣いたりしている。
>
> 地域包括支援センターは，契約によるサービス利用に切り替えるために，市町村長申立てによる成年後見制度の利用を進め，Aさんの預金等の管理を正しく行える成年後見人等を選任することにした。

4．地域包括支援センターの役割と市町村の責務について調べてみよう。

5．Bさんの生活支援のために何ができるか，あげてみよう。

■■■ 解説 ■■■

　社会福祉士の倫理綱領には，ソーシャルワーク実践の「価値と原則」の第一に「人間の尊厳」を掲げ，すべての人間をかけがえのない存在として尊重することを謳っている。判断能力が不十分な高齢者や障害者の尊厳のある生活を実現するために，社会福祉士・精神保健福祉士は権利擁護のための法制度を理解し積極的に活用していくことが求められる。

　成年後見制度は2000（平成12）年に始まった制度で，判断能力が不十分な高齢者や障害者の不動産や預貯金等の財産管理，福祉サービスの契約，不利益なサービスの取消等を後見人等が行い，本人の生活を法律的に支援するための制度である。2006（平成18）年の介護保険法改正により，権利擁護業務は市町村が実施する地域支援事業の必須事業に位置づけられ，障害者自立支援法（2013（平成25）年4月より障害者総合支援法）においても地域生活支援事業の中に権利擁護相談が盛り込まれている。また高齢者虐待防止法においても虐待防止・対応に対する市町村の責務が明確にされた。これらの法整備において，成年後見制度は，判断能力が不十分な高齢者や障害者の権利擁護の根幹をなす制度である。

　制度利用のための身近な相談機関として，介護保険法改正により市町村が行う地域支援事業のうち，包括的支援事業を実施する機関として地域包括支援センターが創出された。地域包括支援センターは，地域住民の心身の健康の保持および生活の安定のために必要な援助を行うことにより，その保健医療の向上および福祉の増進を包括的に支援することを目的とする施設である。主要な事業のひとつである権利擁護業務は，専門的・継続的視点から高齢者の虐待の早期発見と防止，成年後見制度の手続き支援等を行うこ

第9章 権利擁護（成年後見制度）に関する相談援助

とであり，これらの業務を遂行する専門職として社会福祉士が保健師や主任介護支援専門員とともに配置されている。

　成年後見人等の選任が必要でありながら申立人となる親族がいない場合には，住所地の市町村長が申立てをすることになるが，申立人となる親族がいないかどうかを確認するために，市町村長はまず親族調査を行うことになる。調査の結果，2親等内の親族がいない場合や，いても音信不通の場合，申立てに協力しない場合には，本人保護のため市町村長が申立てを行わなければならない。成年後見制度の後見等の申立件数は年々増加している。申立人は本人の子，きょうだいが多くを占めるが，市町村長申立ても近年急速に増加している。

　成年後見人等は，判断能力が不十分な高齢者や障害者が「尊厳のある生活」を送ることを目的として業務を行う。契約を伴う社会資源の利用の手続きは成年後見人の重要な職務である。また，経済的虐待や性的虐待，親族間のトラブル，消費者被害などから高齢者や障害者を護るために，正当な権利を代弁する。本人の意思決定を最大限に尊重するために，成年後見人等には信頼関係を醸成すると同時に，その人を取り巻く環境を整備することが求められる。

　また，成年後見人等は基本的に養護者の問題にまで踏み込むことはできないため，地域包括支援センターは市町村長申立てを準備する段階で，養護者の支援をどうするかについても検討する必要がある。例えば職を得ることが困難である，働くことができない，精神科医療機関への受診が必要である等の養護者の問題に対して，地域の機関・施設が連携するケア会議等の機会を設けて支援体制を整えることも必要である。

※演習後，巻末の「事後学習シート ⑭ 権利擁護（成年後見制度）」に取り組もう。

第10章

更生保護（少年司法，刑事施設出所者）に関する相談援助

⒂ 少年司法
　少年院に在院している少女の社会復帰のための相談援助

⒃ 更生保護
　刑事施設（刑務所）に収容されている，身寄りがなく帰り先のない高齢者の社会復帰のための相談援助

(15) 少年司法

事前学習シート

※「少年院に在院している少女の社会復帰のための相談援助」の事例を読み，事前学習シートの課題に取り組もう。

1．少年院について調べてみよう。

2．保護観察制度（特に少年院仮退院者の保護観察）について調べてみよう。

3．自立援助ホームについて調べてみよう。

| 学籍番号 | | 氏　名 | |

⑴5 少年司法

少年院に在院している少女の社会復帰のための相談援助

【事例研究のねらい】
1．少年院における教育について学ぶ。
2．少年院在院者の社会復帰支援方法について学ぶ。
3．保護観察制度について学ぶ。
4．児童自立援助ホームについて学ぶ。

　Aさん（18歳　女性）は，長期にわたって家に帰らず，行きずりの独身男性宅を転々とするなど不安定な生活をしていたが，空腹から食料品を万引きして逮捕され，家庭裁判所の審判の結果少年院に収容された。

　Aさんの家族は，父親（45歳），姉（25歳），兄（22歳）と姉の子（2歳　女児）がいる。母親（43歳）は5年前に家を出て現在は音信不通である。家族のうち，姉と兄は知的障害者で療育手帳を所持し，障害基礎年金も受給している。家族は誰も働いておらず，姉・兄の障害基礎年金と，姉の受けている児童扶養手当で生活している。

　Aさんの少年院の教育期間はおおむね1年で計画されており，Aさんが出院する際の帰り先は自宅とされていたが，入院後8か月を経過したころから，Aさんの表情が暗くなり，おびえたような表情を見せるなど心理的に不安定になっていった。

　そのため，担任の法務教官が心配して面接したところ，父親がこれまで，Aさんと姉に性的虐待をくり返しており，姉の子は実は父親の子であることが明かされた。Aさんが家を出て独身男性の家を泊まり歩いたのは，父親の性的虐待から逃れるためであった。家庭に戻れば以前と同じような父親の性的虐待が行われるので，できれば自宅には帰りたくないと，泣きながら訴えた。驚いた少年院では保護観察所と相談して，自宅以外の帰り先をさがしたところ，Aさんを引き受けても良いという自立援助ホームを見つけることができた。

　少年院に入って1年1か月経過後，Aさんは仮退院をして自立援助ホームに帰り，そこで保護観察を受けて生活するようになった。さらに，1日も早く自立しようと，若者向けのハローワークで求職し，販売店やクリーニング工場に就職したものの，常識的な行動が取れないことや，対人関係がうまく保てないことから，短期でやめてしまった。自立援助ホームでは，Aさんの心の安定と自立のために社会生活技能訓練（SST）※とカウンセリングが必要だと判断し，保護観察所と相談，地域の支援者に依頼して実施した。その結果，心理的に安定し，その後就職したスーパー勤務は半年間続いている。

Aさんは，自立援助ホームを出なければならない20歳までに，アパート資金を貯めて自立をする目標を立てている。なお，Aさんは少年院でクリーニング師とワープロ検定準2級の資格を取得している。

【演習課題】

1．Aさんのジェノグラム，エコマップを作成してみよう。

2．Aさんの自立支援のために利用可能な社会資源のマップを作成してみよう。

3．Aさんの心理的な安定をはかり，自立を促進するための支援計画を立ててみよう。

課題（ニーズ）	支援目標	支援内容	施設・機関・担当者	支援期間

■■ 解説 ■■

　少年院は，非行少年の処罰のための施設ではなく，健全な社会人として成長するよう指導援助を行う施設である。そこでは，教育と心理的支援，福祉的支援が進められている。少年院教育は，①生活指導，②職業指導，③教科指導，④体育指導，⑤特別活動指導の5つの領域が設定されているが，なかでも「生活指導」が中核を担うとされ，少年院法では「善良な社会の一員として自立した生活を営むための基礎となる知識及び生活態度を習得させるため必要な生活指導を行う」と定められている。

　社会復帰後，Ａさんは自立援助ホームで生活し，保護観察を受けて自立をはかっているが，異常な家庭に育ったＡさんには，虐待を受けてきた心の傷を抱え，しかも，健全な家庭で当然身につけられているはずの，基本的生活習慣，対人関係を保つためのスキルなどが身についておらず社会復帰がうまくいかない。そのため，カウンセリングやSST（社会生活技能訓練）を行うことで，円滑な社会生活が営めるよう支援を行っている。

※演習後，巻末の「事後学習シート ⒂ 少年司法 」に取り組もう。

用語

社会生活技能訓練（Social Skills Training：SST）
　認知行動療法の理論に基づいた，リハビリテーション技法のひとつで，社会生活技能訓練と訳される。リバーマン（Riverman, R. P.）によって確立され，わが国でも精神科リハビリテーションの中に，積極的に取り入れられるようになってきている。精神障害者は疾病による認知の障害のため，コミュニケーション技能が阻害されていることが多い。そのためにスポイルされている対人関係などの社会生活技能の回復をはかるための訓練である。具体的には，自分の考えや感情を上手に表現することや，生活の中で場面に合った適切な行動ができるようにする等，コミュニケーション技能の向上を図る。数名のグループで対人関係の具体的な場面を想定し，ロールプレイ等，実技リハーサルを通して，適切な会話，行動などを練習する。そして，良いところをフィードバックして自信をつけ，実際の場面で使えるようにする訓練技法である。

【参考文献】
魚住絹代（2003）『女子少年院』角川新書
品川裕香（2005）『こころからのごめんなさい』中央法規

(16) 更生保護

事前学習シート

※「刑事施設（刑務所）に収容されている，身寄りがなく帰り先のない高齢者の社会復帰のための相談援助」の事例を読み，事前学習シートの課題に取り組もう。

1．高齢者や障害者の犯罪状況について調べてみよう。

2．地域生活定着促進事業について調べてみよう。

3．更生保護施設について調べてみよう。

学籍番号　　　　　　　　　　　氏　名

⒃ 更生保護

刑事施設（刑務所）に収容されている，身寄りがなく帰り先のない高齢者の社会復帰のための相談援助

【事例研究のねらい】
1．地域生活定着促進事業について学ぶ。
2．帰り先のない高齢受刑者の社会復帰支援方法について学ぶ。
3．更生保護施設での支援について学ぶ。

　Aさん（70歳　男性）は，現在刑事施設（刑務所）に収容されている。千円くらいの無銭飲食を行ったことで詐欺罪として逮捕され，懲役4年の判決を受けたものである。Aさんの知能検査結果は，IQ56（WAIS※式）であるので知的障害が疑われるが療育手帳は所持していない。なお，高齢ではあるが，ADL（日常生活動作）※は自立している。

　Aさんの両親は他界し，きょうだいは兄がいるが，40年以上接触がなく今どこにいるのかも不明である。結婚の経験もなく身寄りのない孤独な人である。

　Aさんは，中学校を出てすぐに学校の紹介で鉄工所に勤め，以後転職することなく働いていたが，50歳のときに勤め先の鉄工所が倒産してしまった。その後，土木や建築の日雇い仕事を転々として働いたが，高齢のため働ける日数があまりなく，家賃を払えずにアパートを追い出されて55歳頃から路上生活者となった。その後，57歳のときに空腹に耐えきれなくなり無銭飲食をして逮捕され，刑事施設に入れられたのを皮切りに，現在まで4回に渡って無銭飲食で刑事施設収容されることが繰り返されてきた。

　Aさんは刑事施設を出るたびに，仕事に就いて犯罪のない生活をしようと決意し，求職のためにハローワークに行くものの，高齢であることと，住所が定まっていないことと，身元保証人がいないことから就労できず再犯を重ねていた。

　ところが，地域生活定着促進事業が開始され，Aさんのような高齢で身寄りのない受刑者に，福祉サービスを行うことで社会復帰が支援される制度ができた。ある日，地域生活定着支援センターの社会福祉士が来てAさんと面接し，定着促進事業の支援を受けるかどうか確認した。Aさんは，説明の内容がよく理解できなかったが，社会福祉士が優しそうな人であったのでお願いすることにした。

　地域生活定着支援センターでは，Aさんが長年鉄工所に勤めていたことから，年金の受給権がないかどうかを調査したところ，年金受給権※があることが判明した。Aさんは年金受給権があることを知らず，また，教えてくれる人もいなかったため，生活苦から無銭飲食を繰り返し，刑事施設を出たり入ったりしていたのであった。

　地域生活定着支援センターでは，Bさんが刑事施設を釈放されたら，更生緊急保護制

度を利用して,いったん更生保護施設に入居し,住民登録や介護保険等の手続きをしたうえで年金を受給し,それを資金に高齢者のサポート付賃貸住宅に入居するという,個別支援計画をたててBさんの出所に備えている。

【演習課題】

1.Bさんのジェノグラム,エコマップを作成しよう。

2.Bさんの社会復帰と,地域で生活していくために利用可能な社会資源のマップを作成しよう。

3.Bさんの生活基盤を整え,自立を促進するための支援計画を立ててみよう。

課題（ニーズ）	支援目標	支援内容	施設・機関・担当者	支援期間

第10章　更生保護（少年司法，刑事施設出所者）に関する相談援助

■■ **解説** ■■

　現在刑事施設では，帰り先のない高齢者（65歳以上）や障害を抱えた受刑者の割合が年々増加している。こうした人たちは，刑期が終わると刑事施設を釈放されるものの，どこにも行くところがないため，路上生活者とならざるをえないのが現実である。そのうち生活苦と空腹から日ならずして再犯（ほとんどが軽微な犯罪）を行って，刑事施設に戻る人も少なくない。こうした状況に対応するために，厚生労働省では，2009年度から「地域生活定着支援センター」を各都道府県に整備する事業を進めた。地域生活定着支援センターでは，収容中の人の，帰住先の確保と福祉サービスの準備を行う"コーディネイト事業"，退所後地域社会で生活できるような支援を行う"フォローアップ事業"，一般相談にも応じる"相談支援事業"を展開している。Bさんは，この事業の支援を受け，社会復帰しようとしている。

※演習後，巻末の「事後学習シート ⑯更生保護 」に取り組もう。

用語

WAIS（ウェクスラー式知能検査）
　ウェクスラー（Wechsler, D.）の開発した検査（WAIS：成人用で75歳まで適用，WISC：児童用，WPPSI：就学前幼児用）であり，IQを，言語IQと動作IQに分けて評価することができる。

ADL（日常生活動作）
　日常生活動作．毎日の生活をするために必要な基本的動作のうち，食事，衣服の着脱，整容，排せつ，入浴，移動の身体動作をいう。

年金受給権
　「厚生年金の被保険者期間があって，老齢基礎年金を受けるのに必要な資格期間を満たした人が65歳になったときに，老齢基礎年金に上乗せして老齢厚生年金が支給」される。なお，「老齢基礎年金を受けるためには，保険料を納めた期間，保険料を免除された期間と合算対象期間とを通算した期間が原則25年間（300月）以上あることが必要」となる。

【参考文献】
長崎新聞社取材班（2012）『居場所を探して―累犯障害者たち―』長崎新聞社
山本譲司（2006）『累犯障害者』新潮社
日本年金機構「年金の受給（老齢年金）」(http://www.nenkin.go.jp/n/www/service/detail.jsp?id=3221)

第11章
多文化，多人種に関する相談援助

⒄ 多文化・多人種
　外国人高齢者への生活情報の提供

|(17) 多文化・多人種|

事前学習シート

※「外国人高齢者への生活情報の提供」の事例を読み，事前学習シートの課題に取り組もう。

1. 在留外国人の現状を理解しよう。
   日本に暮らす外国人について調べてみよう。出身国や人数，また，日本ではどの地域に多く居住しているのだろうか。

2. 外国人労働者を受け入れる背景を理解しよう。
   なぜ，外国から労働者を受け入れる必要があるのか。また，外国人労働者はどのような仕事に従事している人が多いのだろうか。

3. 外国人への対応窓口を調べてみよう。
   あなたの居住地域では，在留外国人のためにどのような社会資源があるか。生活の中で支援が必要な場合，相談できるところはどこにあるか。

| 学籍番号 | | 氏　名 | |

(17) 多文化・多人種

外国人高齢者への生活情報の提供

【事例研究のねらい】
1. 外国人のもつ文化や価値観を理解する。
   日本人と外国人との考え方や生活習慣の違いは何か考える。
2. 日本語理解が乏しい外国人への情報提供の方法を知る。
   日本語の読み，書き，聞き取りが不十分な外国人にはどのようにすれば情報が伝達できるか考える。
3. 外国人を支援するにあたり，どのような機関と連携する必要があるかを知る。
   コミュニケーション支援や生活支援など連携の取れる機関はどこだろうか。
4. 必要とされる社会資源を理解する。
   生活ニーズを的確に捉えて，社会資源を探してみよう。
5. 外国人を支援する相談援助職に必要な資質はどのようなものかを知る。
   ソーシャルワーカーとしての人間性を考えてみよう。

　マサオ（65歳　男性）は，ブラジル出身の日系3世である。妻のカトリーナ（60歳）と娘テレサ（30歳）の家族三人ともども，就労目的で25年前に来日した。住居は，会社が借上げた民間アパートで，日系人8家族と暮らしていた。当初は自動車関連の部品製造工場に勤め，母国の両親たちに仕送りをしていた。しかし，景気悪化のため部品製造工場の閉鎖に伴い，15年前にA市に移り公営団地に暮らし，マサオたち日系人の多くはB水産加工工場に勤務している。B工場には，ポルトガル語を話すことができる職員がおり，母国語で指示をもらうことができるため，仕事上のトラブルは発生していない。マサオは，明るく社交的な性格であり，仕事は誠実に取り組むため，外国人仲間の中では人望が厚く信頼され，リーダーとして日系人をまとめていた。そのため，日系人たちは，相談事があれば頻繁にマサオの家を訪問するようになった。マサオは日本語の理解には乏しいがこのまま日本に暮らし，これから来日する母国の人のために役に立ちたいと考えた。

　団地への入居当初，市役所から担当者と通訳より，マサオたち外国人に団地で生活するルールとして，ごみの分別方法や駐車場所以外での駐車の禁止等の説明があった。団地の管理人が，困ったことがあれば相談に来るようにといってくれた。生活上の摩擦はなく，地域住民とも交流ができていた。しかし，5年前，地域で総合防災訓練が行われた際，回覧板にて団地の住民にも参加協力が求められていたが，マサオはその情報を知らなかった。地域住民が避難訓練をしている最中に，マサオの誕生日を祝うため日系人

が多数集まり，酒を飲み，大音量で音楽を流し，大声で騒ぎ踊り歌い楽しんでいた。このことがあってから，団地の住民から外国人は白い目で見られるようになり，マサオは孤立感をもつようになった。

半年前，マサオは脳梗塞を発症し入院した。退院時に今後の支援について説明がなく，自宅に戻ってきた。左半身に軽い麻痺の後遺症が残り，自宅の中での日常生活は自立しているものの，自力歩行を支えるためには杖が必要となり，動作は緩慢になった。そのため工場を解雇され，収入がなくなった。妻のカトリーナは，生活のため昼は工場，夜は飲食店で一日中働き，母国への仕送りを継続している。

現在マサオは，リハビリをして身体の動きを低下させたくないと考えている。しかし，自分の歩行能力に自信がないため，自宅にいることが多く外出は控えている状況である。カトリーナは昼夜仕事に忙しく，マサオと一緒に散歩を楽しむことはできないが，毎日の食事を準備し，マサオが困らないよう洗濯や掃除をしてくれている。そのため，マサオは自宅内では困ることがないが，以前のように外食に出かけたり，甘い食べ物や肉料理を楽しむことができなくなった。また，日中何もすることがないので，飲酒・喫煙量が増えている。今は，同じ工場で働いていた日系人仲間を呼びよせ，一緒にお酒を飲むことが唯一の楽しみとなっている。

一人娘のテレサは，日本人と結婚して4年になる。現在は，夫の母親に娘（3歳）を預け，パートタイムで週2日程度働いている。リーサは，小・中・高校と日本の学校で教育を受けたため，日本語の理解が十分あり流暢に会話ができる。父親が心配で，週1回は訪問し，一緒に買い物や散歩などに出かけている。リーサは，父親の日ごろの様子を見て，このままでは自宅に閉じこもりがちになり悪循環になると感じている。日本語を学習し，運動をして健康的な生活ができればよいと考えている。

【演習課題】
1．マサオは，なぜ地域から孤立してしまったのか考えてみよう。

第11章　多文化，多人種に関する相談援助

2．マサオを中心にしたエコマップを作成してみよう。

① 家族・友人・職場	
② 地域の民生委員，団地の管理人，団地の住民	
③ 医療機関，保健センター	
④ 地域包括支援センター，リハビリ施設	
⑤ 行政，県・市の外国人相談窓口，国際交流協会	
⑥ 外国人コミュニティ，NPO支援団体等	

3．マサオの生活課題の解決にむけたアセスメントをしてみよう。
　① 日本語が理解できない。
　② 自宅から出ることが少ない。
　③ 飲酒量，喫煙本数が増えた。

■■　解説　■■

　日本に在留する外国人は就労目的だけでなく，就学や国際結婚等によって，地域に定着する外国人が年々増加の一途をたどっている。そうした外国人を同じ地域に暮らす生活者として受け入れる必要があり，各自治体では，多様な国籍，民族，言語の人たちと暮らす「多文化」な共生社会を推進している。
　言語，文化や宗教の異なる人が，生活しやすい多文化共生社会の実現のために，① コミュニケーション支援，② 生活支援，③ 地域づくりへの取り組みが求められる。

日本で生活する外国人の増加に伴い，日本人と同様に支援を求める外国人がいる。価値観や生活様式が異なり，日本語の理解が不十分なため意思疎通が困難な外国人たちを，差別や偏見のものさしで評価するのではなく，外国人をひとりの人として受容し，違いを認めあい，日本社会の生活者として支援するための専門職「多文化ソーシャルワーカー」※が養成されている。そのひとつが，愛知県における「多文化ソーシャルワーカー」の養成であり，その活動は全国的な広がりを見せている。

　近年，自治体や国際交流協会等の外国人相談窓口などをはじめとして，多国語による生活情報提供サービスがなされている。これは行政サービスの情報提供であり，地域に密着した生活情報ではなく，一方向的な情報提供である。多文化ソーシャルワーカーが，継続的支援を必要とする外国人の生活問題に即応対応するためには，外国人コミュニティや支援組織との連携が必要不可欠である。

　日本の戦後の高度成長期には，若年労働者が地方から都市部に集団就職して移住し，労働力が確保できていた。1970年代までは日本に定住する外国人は「特別永住者」である韓国・朝鮮人であった。1980年代のバブル期には，国内だけでは労働力が不足したため外国人労働者の入国数が増加し，さらにアジアの女性が興業ビザで入国し飲食業に従事した。1990年入国管理法の改正に伴い，ブラジル・ペルー日系人の労働者が受け入れられ，大幅に増加した。彼らの多くは自動車産業の下請け企業に雇用されたため，関東，中京，関西地域に外国人コミュニティが発生し，地域に定着していった。さらに，日本の人口減少の時代を迎え，フィリピン・インドネシアとの経済連携協定（EPA）により，看護師，介護福祉士候補生などが，地域に暮らすようになった。1990年代に20代，30代で来日したニューカマーと呼ばれる日系人が，高齢期に差し掛かっている。彼らは日本語学習の機会が少なかったため，日本語での意思表示が十分できない。このように，日本語ができないことは，彼らの生活を不自由にさせる大きな要因であり，医療従事者とのコミュニケーションに不安を覚え受診を躊躇する事例が多い。自分の病気の知識や健康管理，介護予防や介護保険制度等の知識を有する外国人は多くない。また，外国人高齢者が増加していくことから，一市民として外国人を理解する相談援助職が必要とされる。

　この事例の中の高齢期になるマサオは，①長年地域の行事や防災・在宅福祉にかかわる情報を得ることができない，②退院後の生活は自宅に閉じこもる傾向がある，③運動不足や不健康な食生活による機能低下の危惧がある。これらのことを踏まえてマサオを受け入れて欲しい。言語や文化が違えども，人として尊厳のある生活を維持・継続できるような支援を考えて欲しい。在日外国人高齢者の介護問題の声が上がってきている。

※演習後，巻末の「事後学習シート ⒄ 多文化・多人種 」に取り組もう。

第11章　多文化，多人種に関する相談援助

> **用語**
>
> **多文化ソーシャルワーカー**
>
> 　外国人労働者の受け入れが急速に進んだため，地域住民としての外国人の抱える生活課題が多様・複雑化した。外国人住民への情報提供サービスだけでは，生活課題への相談対応できなくなった。そのため，全国に先駆けて2006年より愛知県が多文化ソーシャルワーカーの養成を開始した。
>
> 　石河（2010）は，「外国人の多様な文化的・社会的背景を踏まえて彼らの相談にあたり，問題解決に向けて『ソーシャルワークの専門性』をもって支援を行う外国人相談の担い手である」と定義つけている。また，多文化ソーシャルワーカーの2つのタイプを「1つは，当事者の言語・文化に属し，日本の文化や日本語にも精通する人材」であり，もう1つは，「日本人であるが，多様な文化的背景をもつ外国人の相談に対応できる」ワーカーであると外国人でなくとも，多文化ソーシャルワーカーとして相談援助業務にあたることができるとしている。

【引用・参考文献】

法務省（2014）「在留外国人統計（旧登録外国人統計）統計表」（www.moj.go.jp/housei/toukei_ichiran_touroku.html）
総務省（2006）「多文化共生の推進に関する研究会報告書～地域における多文化共生の推進に向けて」
愛知県地域振興部国際課多文化共生推進室（2010）「多文化ソーシャルワーカーガイドブック」
石河久美子（2008）「『多文化ソーシャルワーカー』の育成―アメリカの取り組みからの応用課題の検討」『日本福祉大学社会福祉論集』118，1-17
石河久美子（2010）「多文化ソーシャルワーク―理論と実践の発展に向けて―」『社会福祉学』51(2)，108-111
『静岡新聞』　2014年11月17日朝刊
文鐘馨（2012）「介護老人保健施設を利用する在日コリアン高齢者の健康状態」『太成学院大学紀要』14，141-148

第12章
就労支援に関する相談援助

⒅ 就労支援
　就労の継続性と職場定着支援

(18) 就労支援

事前学習シート

※「就労の継続性と職場定着支援」の事例を読み，事前学習シートの課題に取り組もう。

1. 障害者雇用における職場への支援施策や専門職について調べ，職場支援の方法や関係機関をまとめてみよう。

関係機関や専門職	職場支援の方法

2. 障害者就業・生活支援センターでの支援について，どのような訓練の場や支援を提供しているか調べてみよう。

3. この事例のAさんが継続的に働くために必要な配慮とはどのようなものがあるかあげてみよう。

4. 現時点で考えられるAさんの生活課題をあげてみよう。

| 学籍番号 | | 氏　名 | |

⒅ 就労支援

就労の継続性と職場定着支援

【事例研究のねらい】
1. 生活の全体性を捉える視点について学習し，事例を基にアセスメントの視点について理解できる。
2. アセスメントの実施方法（具体的情報収集の方法やその収集となる対象など）についてイメージできる。
3. 支援計画の作成方法を想定し，具体的目標等をクライエントとの協働で設定するプロセスをイメージできる。
4. 職業生活を取り巻く諸般の生活課題を具体的に想定し，就労の継続性を視野に入れた支援の展開と仲介者としての役割をイメージできる。

　Aさん（21歳　男性）は，軽度の知的障害があり療育手帳（軽度　IQ60程度）を所持している。半年前に職場を退職し，現在，無職で両親，祖母と同居している。ハローワークからの紹介で障害者就業・生活支援センターへ相談に来た。
　母親とともに障害者就業・生活支援センターへ訪れた初回面接時，以下の情報を得た。
　Aさんは，特別支援学校高等部を卒業後，従業員40名程度の中小企業の金属部品製造工場に就職した。療育手帳は中学校の特別支援学級に在籍中に取得した。手帳取得時の知能検査では「動作性知能よりも言語性知能の方が低い」と県の相談所担当者からいわれたそうである。職場では，金属部品の組み立て作業に従事し，作業量が多く忙しい部署でもまじめで正確な仕事をするAさんを部門の主任が高く評価してくれていたらしい。交友関係は広い方ではなく，職場の従業員同士の関係も職場内の関係のみであった。仕事以外は特に趣味もなく，休みの日は家で一人で過ごしていることが多かった。
　その職場は，Aさんの希望ではなく当時の担任に勧められ就職した。Aさんの他に障害をもつ従業員はおらず，母親の印象では職場の障害者に対する理解の程度はよくわからなかったそうである。朝早くから出勤し20時過ぎまで工場での仕事に拘束され，Aさんはクタクタに疲れて帰宅する。その様子から母親は忙しい工場で大変そうだと思っていたが，父親は「それだけ忙しくたって仕事があるだけ良い」と容認していた。Aさんは「辛かったけど，愚痴はいえなかった」と話していた。給与の話を聴いていくと最低賃金の減額特例を適用されていたようではあるが，母親もAさんもその特例や給与形態についてはよくわからず，説明された記憶もなく把握していない様子が伺われた。

職場では，組み立て部門の主任がＡさんをサポートしてくれており，仕事の進め方や他の従業員との関係にも気を配ってくれていた。就職から１年ほど経ったあたりでその部門の主任が体調不良のため退職してしまい，従業員も入れ替わっていく中で職場内のＡさんに対する雰囲気も以前とは変わってしまったようである。ちょうどその時期から，新しい同僚に蔑まれたり，主任から厳しく叱りつけられたりすることが増えたようであった。仕事における組み立ての部品は一定の期間でいくつか変わることもあり，新しい主任から仕事を教わる中で「バカだから覚えられないんだ，寝ないで覚えてこい」と怒鳴られ，また，後から入社した同僚から「小学生でも覚えられるのに」と笑われ，自尊心が傷つけられた様子であった。そのころから仕事に行くことが嫌になり，欠勤する日が目立つようになった。もともと，ストレスが大きくなると体調不良になることがあり，体調不良を理由に欠勤することも増えていったようである。体調が悪くても母親が促すと出勤していたので，心配しながらもなんとか続いていたが，半年前のある日，Ａさんが出勤したはずであるのに会社から自宅に「今日も連絡がなく仕事に来ていない。辞めてもらえないか」と相談の連絡がきたとのことであった。父親は「働かせてもらえるだけ良いと思え」と退職には反対したものの，Ａさんの気持ちは仕事に向かわず，母親が父親を説得し依願退職となった。その後，すぐには求職活動を始める気が起きずに家で過ごしていたようである。

　家族は両親の他に祖母と３歳年上の兄がおり，兄は遠方の会社に就職している。小さい頃から仲の良い兄弟だったらしく，Ａさんも兄のことを慕っている。Ａさん家族は現在，父親の収入で生活している。祖母が２か月前に大腿骨骨折で入院となり，退院後も介護が必要な状況になるとのことであった。このまま，Ａさんが働かずに両親が養うには家計が厳しい状況になってしまい，さらに，母親は祖母の見舞いや介助で家を空けてしまうため，日中，家にＡさんが一人でいることが心配だという。Ａさん自身も家にいるとイライラし母親に当たることが増え，外へ出たい気持ちと働きたい気持ちが強くなりハローワークへ行って相談した，そこで障害者就業・生活支援センターを紹介されたとのことであった。

　母親は，「祖母は介護が必要になりそうで，今後のことも考えるとＡさんには自分で生活ができる程度の収入が得られるように働いてもらいたい」と話す。Ａさん自身も「自分の生活は自分でなんとかしたい。父親を頼りたくない」と話していた。

　Ａさんは，特別支援学校では木材加工の成績が良く，同じ作業の時に仲の良い友達がいたことが励みになり，得意になったと話した。「これからの仕事は，手先を使う仕事やものづくりの仕事，工具を使う仕事もしてみたい，長く続けられるような仕事をしたい」と話している。日常生活上の身の回りのことはほとんど援助を必要としないものの，金銭管理は苦手のようで前職での給与も母親が面倒をみていた。菓子パンが好きで買いすぎることがあり，たまに母親が注意することがあった。家事全般は母親が行って

いるため料理や洗濯をしたことはないが，部屋の掃除は定期的に行っており母親からみても片付いていないことはない，とのことであった。

障害者就業・生活支援センターの担当ワーカーは，後日，Aさん宅へ訪問して面接する約束を交わした。ハローワークの障害者雇用担当とも連携し，Aさんの望む求人情報を今後も探してもらうことや，当面の経済状況を含めた生活上の問題に対する支援を障害者就業・生活支援センターで計画することに合意した。次回の面接までに，担当ワーカーが今後のAさんの就労支援計画の素案を作成し，Aさん宅へ伺うことになった。

【演習課題】

1．Aさんのアセスメントをしてみよう。就業面，生活面それぞれについて，得られた情報をそれぞれの対象で整理してみよう。

対　象	領　域 （どのような生活上の課題か）	アセスメント結果 （評価結果やニーズの所在）	目　標 （どうなれば良いのか）
本　人			
家　族			
地　域 （社会）			

2．アセスメントした1．の結果から，支援内容と資源を対応させよう。

生活上の課題	支援目標 （どうなれば良いのか）	活用できる資源・施策等	支援内容 （どのように進めるか）

3．プラン決定に至るために，現時点で足りない情報や確認が必要な事項をあげ，どのように情報収集すべきか話し合ってみよう。

必要な情報や確認事項	収集方法（具体的に）

4．就労支援のための個別支援計画を立ててみよう。
※様式例

平成　　年度　　個別就労支援計画書

作成日　平成　　年　　月　　日

　　　　　　　様

作成者職・氏名　　　　　　　　　㊞

支援目標（長期）		支援の方向性				
本人の意向						
家族の意向						

No	領域／キーワード	課題（ニーズ）	支援目標（短期）	支援内容	担当者	期間
①						
②						
③						
④						
⑤						
⑥						
⑦						

5．個別支援計画について，Aさんと確認や相互理解を深めるためのロールプレイを実施してみよう。

■■ 解説 ■■

　就労支援では，就労と生活の両側面に関するアセスメントと支援目標の設定が必要である。特に，継続を目標として「適職を探す」場合に「職業」か「職場」を指すかは大きな違いがある。クライエントの希望や能力に適合する「職業」でクライエントに対する適切な配慮が得られる「職場」が望ましいといえる。職業や職場も，クライエントの能力や思いを評価したうえで判断していくこととなる。今後の生活で必要となる対人関係能力や就業能力等について，ストレングスにも着目し職業や職場の選択を想定しなくてはならない。さらに，就労の継続や職場への定着を視野に入れ，職場と本人の能力とを適合させていく過程が必要であることも留意すべきである。適合の過程では，現在では職場適応援助者（ジョブコーチ）による支援事業や障害者トライアル雇用奨励金制度などもあり，さまざまな資源を活用しながら職場とクライエントとの関係を調整していくことが望まれる。

　また，就労生活の継続のため職場だけでなくその基盤となる生活上の問題，具体的には通勤可能性や余暇などを含めた目標設定や支援計画も必要である。Aさんの場合は，ストレスに対する対処を勘案し職場や普段の生活の中での対処能力の向上も意図されなければならない。その際，Aさん自身の趣味や対処能力，兄の存在や父親との関係性にも注目する必要もあるだろう。ただし，仲の良い兄であっても家族は無条件で協力者になるとは限らず，父親のようにその関係性から生活問題を生じる要因にもなる可能性を秘めているということを念頭に，家族同士の思いなどにも着目していくことが重要である。

　計画作成に際して，窪田は「目標」「方法」「援助可能な期間」の3つを一体に捉える重要性を指摘している。複合する生活課題に対して，優先すべき事柄は何か，同時進行で進めるものは何か，どれくらいの期間で支援を展開していくか想定し，クライエントと共通理解を図ることも重要である。

※演習後，巻末の「事後学習シート ⒅ 就労支援」に取り組もう。

【参考文献】
窪田曉子（2013）『福祉援助の臨床―共感する他者として』誠信書房

第13章
医療機関における相談援助

⒆ 一般病院
　急性期病院における一人暮らし高齢者の退院援助
⒇ 特定機能病院
　特定機能病院（がんセンター）における相談援助・各部門の協働

(19) 一般病院

事前学習シート

※「急性期病院における一人暮らし高齢者の退院援助」の事例を読み，事前学習シートの課題に取り組もう。

1．今日の医療機関は機能により，「急性期」「回復期」「慢性期」などに分かれているが，それぞれどのような役割があるのか調べてみよう。

2．「医療ソーシャルワーカー業務指針」などを参考に，医療機関におけるソーシャルワーカーの業務，役割について調べてみよう。

3．この事例でCさんが退院後に活用可能な医療や介護のサービスについて調べてみよう。

| 学籍番号 | | 氏　名 | |

(19) 一般病院

急性期病院における一人暮らし高齢者の退院援助

【事例研究のねらい】
1．急性期病院の機能と，そこで働く医療ソーシャルワーカーの役割を理解する。
2．疾患を抱えた患者が自宅へ退院する際の課題を理解する。
3．自宅への退院に向けて必要な支援や社会資源について理解する。

　急性期病院のA医療ソーシャルワーカーのもとに，同病院のB医師より慢性閉塞性肺疾患で入院中のCさん（75歳　女性）の件で介入依頼の連絡が入った。「状態は安定してきたが，今後は酸素療法が必要である。病状についてCさんと甥に話をし，二人は退院に納得している。一人暮らしで近くに親戚もいないし，元々，3年前の脳梗塞の後遺症で麻痺もあることから，自宅への退院は無理だと思う。慢性期の病院か施設に入れるよう急いで相談にのってほしい」との内容であった。そこで，A医療ソーシャルワーカーはCさんと面接することになった。

　Cさんは，5年前に夫と死別したが，その後も長年住み慣れた一戸建ての家に一人暮らしをしていた。3年前の脳梗塞により軽度の麻痺が左足に残ったが，身の回りのことは自立をしており，杖を使用して一人で外出もできていた。そのため，介護保険の申請はしていなかった。子どもはおらず，隣県に姉が住んでいるが，姉は要介護状態で甥家族が一緒に住んで介護している。Cさんと姉，甥家族は，年に数回電話で話す程度の関わりではあったが，今回のCさんの入院に際して，甥は職場が近いこともあり，定期的に面会に来ている。入院中のCさんは，時折，息苦しい様子を見せるものの，酸素吸入をして，不安定ながら手すりにつかまり院内をゆっくり歩行している。また，入浴や排泄は見守りが必要ではあるが，その他のことはゆっくり自分で行っている。理解力や会話にも問題はない。

　Cさんは退院後の生活について話が及ぶと，「年金や貯蓄があるので，施設に入るお金はある。しかし，夫と二人で40年以上暮らしてきた家には多くの思い出が詰まっている。夫が一生懸命働いて建ててくれた家に帰る以外は考えられない。それに，近所には昔からの友人や趣味を通じた仲間がたくさんいて，退院するのを待っていてくれる。早く戻りたい」との意向を示した。しかし，このCさんの意向についてB医師は，これまでの経験から，慢性期の病院や施設が望ましいとの考えを示し，他の医療専門職も，自宅での生活は歩行の不安定さに加えて，酸素機器の管理，呼吸に負担がかかる日常生活活動や外出時の動作に困難が予測されるとの意見であった。面会に来院していたAさんの甥も「何かあってもすぐには駆けつけられないかもしれないので，病院や施設に入ってもらえると安

心だ。急性期の病院に長くいられないことは聞いたことがあるが、こちらの病院は職場の近くだし、このまま入院させてくれるとありがたい」との話があった。

そこで、A医療ソーシャルワーカーは、退院調整看護師と一緒に、再びCさんと甥との面接の場を設けて、改めて自宅での療養生活を想定した場合の予測される困難さと活用できる社会資源について具体的に話をした。また、現在の医療制度における急性期病院の役割、そして、Cさんの状況から対象になると思われる慢性期の病院や施設の概要、施設での生活の実態、手続きなどをわかりやすく説明した。

Cさんと甥は、急性期病院の役割や退院については理解し納得した様子であった。しかし、Cさんの自宅への退院の意向は強く、不安を吐露していた甥も最終的にはCさんの気持ちを尊重し、できる範囲でCさんの自宅での生活を支えると理解を示した。退院調整看護師とA医療ソーシャルワーカーは、Cさんの意志表示は、状況理解を踏まえたものであると判断したうえで、多方面からの情報を基にアセスメントをし、可能な限り自宅での生活ができるよう院内外の専門職や関係機関との調整を試みる余地はあると考えた。

A医療ソーシャルワーカーは、B医師や他の医療専門職へ、面接やそれに対するアセスメントの内容、そしてCさんの長年暮らした家への思いや自宅への退院に強い希望があることを伝えた。また、Cさんの意志に反して転院や施設入所の手続きを進めることはむずかしいため、Cさんの自己決定を尊重した生活が送れるよう、退院調整看護師と一緒に自宅への退院に向けた支援を試みることを提案した。その結果、B医師をはじめ、他の医療専門職も「できるだけやってみよう」という話になり、A医療ソーシャルワーカーと退院調整看護師を中心に自宅への退院援助を行うことになった。

【演習課題】
1. A医療ソーシャルワーカーの働きかけがどのような役割を果たしているか考えてみよう。(「医療ソーシャルワーカー業務指針」などに照らし合わせながら考える)

第13章 医療機関における相談援助

2．Cさんの退院援助のアセスメントの段階で必要な情報は何か考えてみよう。
   また，そこからどのような課題が予測されるのか整理してみよう。

3．Cさんが退院後に安定した生活を送るために，A医療ソーシャルワーカーの立場から，予想される課題とその対策，社会資源について整理してみよう。

予想される課題	対 応 策	社会資源

■■ **解説** ■■

事例研究のねらい1について

　医療機関は医療法をはじめとする医療関連法規により，さまざまな機能や特性に応じて分類されている。急性期医療を行う病院では急性疾患および慢性疾患急の性増悪などで，緊急・重症な患者の治療を目的とし，入院・手術・検査などを行っている。また，診療報酬の点数に応じて，看護師の配置基準や平均在院日数などの基準が設けられており，より多くの患者を救命するという役割を担っている。

　医療機関の目的，考え方によって医療ソーシャルワーカーに期待される役割や業務は異なるが，特定機能病院や地域医療支援病院，一般病院などの急性期病院の医療ソーシャルワーカーは，経済的問題，就労問題，退院の問題など多岐にわたる問題に対して短期間に効果的な援助を提供しなければならない。また，早期に介入し患者や家族を取り巻く環境を把握するとともに，在院日数短縮の流れから，まだまだ医療的な対応を必要としながら退院する場合も多く，抱えている疾患や起こり得る日常生活動作の変化，それに対応する医療処置などの理解も不可欠となる。

　本事例における医療ソーシャルワーカーの役割と業務指針を照らし合わせると，「退院援助」をはじめ「療養中の心理的・社会的問題の解決，調整援助」「受診・受療援助」などの項目に関連している。また，早期の退院を目指しながらも，ソーシャルワークの基本的な原則でもある「自己決定」の尊重も忘れてはならない。一人暮らしの高齢者が退院する際に，身体の状況や環境不安を理由に本人が自宅への退院を希望しても，その声が優先されないことは多い。しかし，家族の不安や医師をはじめとする医療専門職の安全を優先した考えを尊重しつつも，「どのような条件が整えばよいのか」という視点から患者の抱える問題や可能性等を正確にアセスメントし，実現できるかどうか検討する必要がある。また，患者の意向について医師や医療スタッフへ伝え理解への働きかけを行うことも大切な役割であろう。

事例研究のねらい2および3について

　一方で急性期病院は，援助にかけられる時間には限りがあり，退院までに，どのくらいの時間や手順が必要であるのかのアセスメント予測も必要となる。そのため退院に向けての準備状況を見きわめ，社会資源の導入のタイミングを調整するような役割もある。

　現在，地域完結型医療を目指し，多くの医療機関は「地域医療連携室」を創設し，医師，看護師（退院調整看護師），医療ソーシャルワーカー，事務職員などを配置して地域連携機能の促進に力を注いでいる。特に，医療機器，医療処置を必要とする患者の退院援助は，訪問診療，訪問看護，医療機器取扱い業者などとの連絡調整が必要となるため，「医療」に焦点を当てた情報共有や退院後の医療やケアの継続について，退院調整看護師による関係機関との連携が効果的かつ適切な支援に繋がることがある。退院調整看護師と

医療ソーシャルワーカーは情報を共有しつつ，それぞれの専門性を活かした領域に力点を置いた支援が求められている。

●アセスメントに必要な情報（例）
　心理社会的状況（生育歴，家族状況，家屋環境，人間関係，経済状況，職業的・教育的背景など），医学的状況（診断名，既往症，治療方針，ADLを含む身体的状況，退院後も必要となる医療処置・行為，医療・看護上の留意点，予後など），患者・家族の思い，関係機関・関係者，各種制度（医療保険，介護保険，障害者手帳など），対象者が置かれている環境（地域の環境，退院後に利用が予測されるサービスなど）　など。

●情報収集の方法（例）
　患者本人の様子を確認するとともに，診療録の参照や医師，リハビリの専門職，看護師，栄養士などから聞き取りを行う。また，自宅に患者と一緒に出向き，家屋環境について検討する「家屋評価」などを行うことで，在宅生活のイメージをつくり，そこで認められた課題を把握する。

※演習後，巻末の「事後学習シート ⑲ 一般病院」に取り組もう。

【参考文献】
厚生労働省健康局長通知　平成14年11月29日健康発第1129001号「医療ソーシャルワーカー業務指針」
　日本医療社会福祉協会　http://www.jaswhs.or.jp

⑳ 特定機能病院

事前学習シート

※「特定機能病院（がんセンター）における相談援助・各部門の協働」の事例を読み，事前学習シートの課題に取り組もう。

1．がん情報サービス（ganjoho.jp），厚生労働白書等を利用して，がんの罹患率，5年生存率，年次推移，がん検診受診率など，がん医療の現状を調べてみよう。

2．がん診療連携拠点病院における相談支援センターの機能と，がん専門相談員はどのような職種の専門職が担っているか調べてみよう。

3．チーム医療における社会福祉士の役割について調べてみよう。
（参考：チーム医療推進会議（2011）「チーム医療推進のための基本的な考え方と実践的事例集」）

4．この事例でAさんが利用可能な在宅支援サービスを調べてみよう。

| 学籍番号 | | 氏　名 | |

⑳ 特定機能病院

特定機能病院（がんセンター）における相談援助・各部門の協働

【事例研究のねらい】
1．がん対策の法的整備と医療の現状を理解する（治療と生活の両立の視点）。
2．がんセンター内の専門職とチーム内での役割を理解する。
3．医療ソーシャルワーカーのアセスメントに基づく支援計画を立案する。
4．がん患者が抱える心理・社会的な悩み，スピリチュアルな悩みを理解する。
5．在宅療養に関わる制度やサービスを横断的に活用する。

　Aさん（54歳　男性）は，自動車部品製造の下請け会社に勤務しており，会社の健康診断で肺に陰影を指摘されたため，近くの総合病院を受診し，検査の結果，肺がんと診断された。その後，医療連携室の手配で，がんセンターを紹介・受診することになった。診断はショックであったが，Aさんは「手術で悪いところをとれば，また仕事にも復帰できる」と前向きに考えることにした。がんセンターでは，さらに精度の高い検査（PET-CT，骨シンチグラフィー，気管支鏡など）を施行した。主治医からの病状説明は，小細胞肺がん，ステージⅢb，右肺門部の病変のほか右頸部リンパ節への転移が認められ，治療は手術ではなく，抗がん剤と放射線治療の併用になるとの説明であった。Aさんは頭が真っ白になり，主治医の説明はよく記憶に残っておらず，どのようにして家に帰ってきたのかも覚えていなかった。手術をすれば完治すると思っていたAさんは，この時はじめて「自分は癌で死ぬかもしれない」という考えが頭に浮かび，いいようのない不安を感じた。さらに家族にどのように伝えたらよいか，仕事はどうしたらいいのかなど次から次へと問題が頭に浮かび，ひとりでは抱えきれない感じがしていた。

　Aさんは父親を早くに亡くし，母親（80歳）は二人の子どもを女手ひとつで一生懸命育ててくれた。妹（50歳）は結婚し二人の子どもにも恵まれ，隣町で幸せに暮らしている。何よりも同居の母親に心配をかけることが一番つらいことであった。またこれからの治療にかかる医療費の負担なども気になったが，子どもの学費と住宅ローンをかかえ共働きしている妹には頼れない状況であった。

　そんな時，外来看護師が今後の治療内容や予定について説明した際に「何か困っていることはありませんか」と尋ねてくれた。そこで，不安に思っていることを少し話したところ，相談支援センターを紹介された。対応した相談員は，気持ちに寄り添いながら聞き出してくれたので，Aさんは告知から重くのしかかっていたさまざまな生活上の不安やこらえていた気持ちが一気に溢れ出すように話をした。まずは医療費の自己負担には限度が決まっていることや，仕事もすぐに辞めずに休職する方法など必要な情報提供

がなされた。また治療の道筋や，多くの医療スタッフが支えてくれるのでひとりで抱えなくてもいいのだと知ることができた。話していくうちに病気とのつき合い方も共有でき，治療に取り組む意欲がわいてきた。

　抗がん剤と放射線の治療は通院で行われた。副作用症状もあまりなく経過し，「これなら大丈夫」と安心していたが，3回目の抗がん剤治療を行った頃から，全身の倦怠感や食欲不振などの副作用症状が出現した。骨髄抑制による熱発と放射線治療による肺臓炎で，とうとう入院することになった。しばらく抗生剤やステロイド，栄養剤の点滴が必要となり，臥床している時間が多くなると一気に体力は衰えた。「このまま俺の人生は終わってしまうのか。母を一人残して死ねない」と考えるようになり，夜も眠れない日が続いた。眠剤は処方されたが，拭い去れない不安や気分の落ち込みなどが続き抑うつ状態に陥っていた。そこで精神腫瘍科医と心理療法士がチームに加わり，投薬とカウンセリングが施行された。

　抗がん剤治療は身体への負担が大きいため中断となり，通院での経過観察に切り替えることになった。入院生活でADLは低下していたため，在宅療養には環境整備や医療系サービスなどの導入が必要と判断された。Aさんは介護保険の第2号被保険者であるため「がん末期」ということで要介護認定審査を申請した。入院中に病院で訪問調査を実施し，暫定プランで介護用ベッドを準備，認定結果がでたところで住宅改修を検討することにした。訪問看護は全身状態の管理・入浴時の介助・本人および家族の心理的サポート・緊急時対応を目的に介入し，医療保険を利用することとした。退院時カンファレンスには医療スタッフのほかにAさんと母親，B居宅介護事業所のCケアマネージャー，福祉用具事業所のD氏，E訪問看護ステーションのF所長が一堂に会し，今後予測される状態変化（腫瘍の増大，在宅酸素療法の導入など）や生活上の注意点，提供されるサービス内容などが確認され，顔が見える関係づくりと情報共有の場となった。

第13章　医療機関における相談援助

【演習課題】
1．Aさんのジェノグラム，エコマップを作成してみよう。

2．医療ソーシャルワーカーのアセスメントと支援計画を作成しよう。

	こころ	からだ	くらし	支援内容
告知後				
入院時				
在宅移行時				

■■ **解説** ■■

　今や国民の二人に一人が罹患するといわれている「がん」。もはや死に至る病ではなく，長くつきあう慢性疾患だという医師もいるくらいに，国民の意識も変化してきている。

　がん医療の目的も救命から延命へ，より侵襲性の少ない治療から生活との両立へと変化を余儀なくされている。医療機関とのかかわりは断続的に長く続くため，その経過に応じた専門職としての支援体制が必要であり，告知後ショックから就労支援に至るまで医療ソーシャルワーカーの守備範囲も多岐にわたっている。また病気の深刻さに加え，病気をきっかけに発生する生活問題も多く，世情を反映したおひとりさま，ワーキングプア，非正規雇用，認知症患者の意思決定などに対しても知見が必要となる。

　がん対策基本法をはじめとする法的整備もすすみ，がん対策推進基本計画に基づく医療や教育，就労の場での取り組みもすすめられている。これはがんサバイバーとして生きる人が多くなり，国としても長期ビジョンをもって対処することが社会保障の観点からも喫緊の課題となってきたからである。

　医療の現場では通院主体，入院期間の短縮化，先進医療や臨床研究などの新しい治療方法の研究・開発など目まぐるしい対応を余儀なくされる。一方，看護師の配置基準（7：1看護）を維持するための職員採用や特定機能病院としての質の担保など，組織としての課題も山積している。その中で個々のケースに対しては，チーム医療を基本とし，必要な専門職がそれぞれの専門性を発揮し，協働で治療にあたる機動力が，早期の在宅療養・社会復帰を後押ししている。

　「生と死」についても意識するきっかけとなり，支援者自らの死生観が問われる場面にも遭遇する。誰もが最後まで自分らしく意思をもって生き，患者自身がもつコーピング力を発揮できるようにエンパワメントする支援も求められている。

　人として出会い，寄り添い，同じ方向をみながら伴走する姿勢が，医療ソーシャルワーカーとしては必要である。

※演習後，巻末の「事後学習シート ⑳ 特定機能病院 」に取り組もう。

第14章
地域福祉に関する相談援助演習

⑵1 地域福祉 ①
　Aさんの孤独な死
⑵2 地域福祉 ②
　地域の社会資源の活用と住民参加による自立支援

|(21) 地域福祉 ①|

事前学習シート

※「Aさんの孤独な死」の事例を読み，事前学習シートの課題に取り組もう。

1．地域福祉に関する書籍や厚生労働省の資料を読み，地域福祉を推進することの社会的背景と法的根拠について調べてみよう。

2．地域福祉を推進する社会資源を調べてみよう。

3．高齢者が日常生活を送るうえで関係している社会資源を思いつくだけあげてみよう。

4．老人福祉センターの役割や機能について調べてみよう。

学籍番号　　　　　　　　　　氏　名

(21) 地域福祉 ①

Aさんの孤独な死

【事例研究のねらい】
1．地域住民を理解する方法について学ぶ。
2．地域福祉実践の主体者たる地域住民の抱える個別のニーズや課題を，地域の課題として捉え，実践へとつなげるコミュニティ・ソーシャルワークの概念について理解する。
3．ニーズや課題の解決を図るために求められるコミュニティ・ソーシャルワーカーの役割と意義について理解する。
4．地域福祉を推進することの重要性について，その根拠となる概念について理解する。

　Aさん（83歳　女性）は，人口約200万人のB市で，木造のアパートに一人暮らしであり，自宅のアパートから徒歩で15分ほどの距離にあるC区の老人福祉センターに開館日のほぼ毎日（年末年始および祝日を除く）通っていた。Aさんは，いつも一人で老人福祉センターに歩いて通っており，午後1時に開く無料の入浴施設の利用と友人との語らいを何よりの楽しみにしていた。本人は持病もないとのことで，毎日のように手製の弁当を持ち寄り友人と分け合って食べたり，友人と息子や孫の成長の話などをすることを楽しみ，老人福祉センターの職員とも言葉を交わし充実した日々を送っていた。

　事件は何の前触れもなく訪れた。1月4日は老人福祉センターの仕事始めの日であった。その日は，正月があけて初めて友人に会う日であり，老人福祉センターを利用している人たちにとって最も楽しみにしている1年で最初の日である。午前11時頃，Aさんの友人で利用者のDさん（女性）が老人福祉センターのE相談員をたずねてきた。「E相談員さん。Aさんが今日来ていないのだけれど，事務所に連絡はきていないかい？毎日1回は決まった時間にお互いに電話をして話をしていたけれど，今年に入って1回も電話がつながらないんだよ。今日はいつもならもう来ている時間だし，昨日Aさんの家に何度電話してもつながらなかったから，何かあったんじゃなかと心配なものだから」という。E相談員は「もう少し詳しい話を聞かせてくれませんか」というと，Dさんは「去年の12月28日に老人福祉センターで別れて，次の日はAさんと電話で話をしたんだけれどそれから連絡がとれないんだよね。息子さんがいると聞いていたけれど，連絡先を教えてもらえないだろうか」というのである。

　そこで，E相談員は職員と相談し，まずは老人福祉センターからAさんの家へ直接電話を入れることにした。午前に1回，昼過ぎに1回，夕方に1回。電話の受話器がはず

れているのか，通常の呼び出し音がしなかった。そこでE相談員は，Aさんに緊急連絡先として聞いていた市内に住んでいる次男のFさんに電話をかけて事情を伝えた。しかし，電話に出たFさんは「そんなに気にしないでください。家のことは大丈夫だから，去年の暮に電話した時は何でもなかったから心配しないでください」という。E相談員はFさんに老人福祉センターでの状況について伝えて，その日は電話を切った。E相談員はAさんが住んでいる地域の民生委員に念のため連絡を取り，様子を見に行ってもらうこととした。Aさんの友人には「民生委員さんに自宅まで様子を見に行ってもらっています。明日の朝，私からAさんにもう一度電話をしてみます」と伝えた。

その次の日も朝一番にAさんの友人は，Aさんの身を案じて老人福祉センターの開館と同時に窓口にやってきた。その日の午前中には担当の民生委員から自宅のアパートのカーテンは，その日の朝も閉まったままで，玄関には鍵がかかっていたとの報告を受けた。

【演習課題】

1．Aさんのジェノグラム，エコマップを作成してみよう。

2．以下のフェイスシートを完成させてみよう。

氏　名				男・女	歳	相談日　　年　　月　　日	
家　族　の　状　況							
氏　　名	続柄	性別	年齢	仕事・就学		備　　考	
関わりのある（あった）人・社会資源				必要と思われる（思われた）人・社会資源			

第14章　地域福祉に関する相談援助演習

3．5〜6人のグループで，以下の課題を話し合い，グループごとに発表してみよう。
進行役，記録係，発表係を決めてください。

Aさんに予想されたリスク	予想されたリスクに対する対応策
①	①
②	②
③	③
④	④

■■　解説　■■

【Aさんのその後と解説】

　E相談員は，すぐさまAさんの次男Fさんに電話を入れた。昨日と今日の状況を再度説明し，「Aさんのアパートにすぐ行ってみてください」と再び依頼した。Fさんは「大丈夫だと思うけど，そんなに言うのなら行ってみるよ」としぶしぶ約束してくれ，その日の午後2時過ぎにセンターにFさんからの電話が入った。Aさんはすでに亡くなっていたのである。「今警察がきて調べている」とFさんはいっており，警察では孤独死は変死事件として取り扱われるため，夕方に警察からE相談員へ連絡が入り，Aさんの状況を聴取された。

　後日，Fさんからの連絡では，「発見時にはすでに亡くなっており，検死の結果，死後4日ほどたっていた。センターにはお世話になった」という簡単なものだった。次男のFさんは市内に住んでいたにもかかわらず，大晦日と正月をAさんと一緒に過ごすこともなく，また電話連絡もしておらず，Fさんは母親と日頃の交流はなかったという。

　もし，Fさんが大晦日にAさんとの接点があれば状況は変わっていたはずである。Aさんは1年で最も楽しいはずの大晦日と正月を，ひとりきりのワンルームのアパートで誰とも会わずに過ごし，誰からも知られずに「孤独」の中でその一生を終えたのである。

　Aさんの「孤独な死」は老人福祉センターで知り合った友人との「つながり」で発見

131

された。地域の社会資源であるセンターでの「つながり」がなければ，もっと長い間，誰からも知られることなくアパートの一室で横たわったままだったかもしれない。Aさんとの関わりから明らかになったことは，①Aさんは，家族が市内に住んでいるにもかかわらず「つながり」が希薄であった，②Aさんの日常は友人との「つながり」や関わりに助けられていた，③老人福祉センターの価値は「つながり」をつくる媒体として「人と人をつなぐ」ことにある，④老人福祉センターのソーシャルワーク機能の価値を認識できたことである。

　とりわけ高齢者にとって，人と人との「つながり」が重要な意味をもち，その意味合いはひとつではない。60歳代から70歳代にかけての元気な時は，「生きがい」や「生き方づくり」における人との「つながり」，70代後半の多くは，自身の介護の問題と向き合い始め，また死への準備を考える。いずれにしても人はどのような環境で生まれようとも生まれてから死にいたるまでの間，人との「つながり」なしでは生きていけない存在である。

　Aさんの事例は，けっしてめずらしいことではない。日本のすべての地域で頻繁に起きていることである。特にわが国のような個人主義の価値が定着している社会では，一人暮らしの高齢者は「つながり」から「排除」されやすい存在である。コミュニティ・ソーシャルワーカーには「つながり」の現状把握と「つながり」を支援する活動が常に求められており，このことは喫緊に解決しなければならない地域社会，日本社会全体の問題である。

【キーワード】　対話，つながり，連携，協働，あらゆる社会資源，自由な発想
　　　　　　　生態学的視座，交互作用，ミクロ・メゾ・マクロ

【コミュニティ・ソーシャルワークにおける対話の重要性について】
　この演習を深化させるためには，購読者がこれまで学んできた「地域福祉の理論と方法」や「相談援助の理論と方法」をコミュニティ・ソーシャルワークの実践に応用することが求められる。ここでは，コミュニティ・ソーシャルワークにおけるソーシャルワーカーの実践プロセスの重要性について，感じ，考え，言語化して理解することがその目標となる。コミュニティ・ソーシャルワークの実践現場では，多様な人たちを対象にしつつも，地域住民との丁寧な一人ひとりとの「対話」がその出発点となる。日頃の地域住民との何気ない対話が，生活リスクを抱える住民へのアプローチのきっかけとなる。地域住民とのコミュニケーションなしで行われる支援は，専門職が行う支援ではないことを覚えておこう。

1．コミュニティにおける対話の重要性
　コミュニティ・ソーシャルワークは，ミクロの視点からメゾ，そしてマクロの実践へ

とつなげていくことが重要である。地域住民個々の生活実態や困りごとを知ることはコミュニティ・ソーシャルワークの実践プロセスにおける重要な最初のステップとなる。この対話の積み重ねが次の実践へのエビデンスになる。したがってできるだけ多くの住民とのコミュニケーションが求められ，そこで得た情報が実践を行うためのエビデンスとなる。そして，対話をする時に重要なのは，受容，共感，傾聴，ナラティブを重視することである。

1）日頃の地域住民とのなにげない会話には，生活上の重要な情報が含まれている。例えば，家族，生活スタイル，楽しみ（生きがい），不満，困りごとなどの情報が含まれている。

2）コミュニティ・ソーシャルワーカーは町内会で行われるような会合，懇談会やイベント，その他の住民活動の場面に参加することを心掛け，そこに参加している地域住民にできうる限り多くの声をかけることにより，できうる限りの情報を蓄積していく。

3）対話はインフォーマルな場面の方が，よりリアルな情報が引き出せる。インフォーマルな場面では，日常生活におけるあらゆる地域住民との対話の中や，その他あらゆる場面において五感を駆使してアンテナを張っておく。

4）フォーマルな場面での対話について

福祉懇談会や地区の茶話会，高齢者の昼食会，子育てサロン，高齢者サロン，町内会活動，民生委員・児童委員会議，地域包括支援センターやその他機関との連携事業における住民との対話，地域住民の参加者の特長（年齢，性別，地域，その他の気づきや発見）を捉えたり，また参加者の表情を捉えること，参加姿勢を評価する，何気ない対話，コミュニケーションを積極的に図ることで個別の情報を収集することができる。

また，フォーマルな場面では，アンケート調査をあわせて行うことで対話によるエビデンスの根拠として補強されることになる。

以上の対話ステップを省略したり飛び越えては，次のプロセスに移行することはできないのである。

2．コミュニティ・ソーシャルワーク実践までのプロセスの一例（社会福祉協議会の一例）

社会福祉士等の専門職が地域住民の力を引き出し，地域住民自らの参加によるコミュニティ・ソーシャルワークを進めていくためには，大まかには以下のようなプロセスのスパイラルを意識しながら継続されていくシステムを小地域内に構築することが求められる。

① 対話の積み重ね➡

② 対話によって積み重ねた個別のニーズを一般化するためにアンケートや調査によってニーズの根拠・エビデンスを補強➡

③ 地域のニーズ・課題の明確化➡事業計画の素案づくり➡

④ 担当者による次年度の事業計画の作成・予算書作成・予算支出科目の検討➡
⑤ 社会福祉協議会事務局内専門部会での協議・検討・承認➡決裁
⑥ 市町村等との予算獲得のための協議➡承認・契約締結➡
⑦ 担当者による次年度の市町村等社会福祉協議会事業計画書の作成➡
⑧ 活動・実践➡事業の評価➡再構築

※演習後，巻末の「事後学習シート ㉑ 地域福祉 ① 」に取り組もう。

【参考文献】
厚生労働省（2005）『平成17年度版　厚生労働白書』第1章第1節「地域社会の変遷と社会保障を取り巻く状況の変化」
髙橋賢充（2007）「高齢者の学習活動とソーシャルワークの統合に向けての実践的研究」『北海道地域福祉研究』第11巻
髙橋賢充（2014）「高齢者の『孤立』と『つながり』に関する一考察」『静岡福祉大学紀要』
浦光博（2001）「『孤立』を生み出すメカニズム」『月間福祉』2001年7月号，全国社会福祉協議会
園田恭一・西村昌記編著（2008）『ソーシャル・インクルージョンの社会福祉』ミネルヴァ書房
山田隆一（2002）「高齢者の『生きがい』増進を地域社会で育む枠組みに関する基礎的研究」立命館大学博士学位論文
東京都老人総合研究所介護予防緊急対策室長　大渕修一（2006）「介護予防機能を充実させるための視点」『月間福祉』2006年9月号，全国社会福祉協議会

㉒ 地域福祉 ②

事前学習シート

※「地域の社会資源の活用と住民参加による自立支援」の事例を読み，事前学習シートの課題に取り組もう。

1．社会福祉協議会の法的根拠および市町村社会福祉協議会が行う事業について調べてみよう。

2．地区社会福祉協議会（小地域福祉活動）について調べてみよう。

3．生活困窮者自立支援法に基づく自立相談支援事業の概要，連携する施設・機関と専門職，家計相談支援事業のサービス内容について調べてみよう。

4．その他，地域共助で必要な社会資源（例えば，高齢者生活支援ハウス，住民組織，手当など）を調べてみよう。

学籍番号		氏　名	

⑵ 地域福祉 ②

地域の社会資源の活用と住民参加による自立支援

【事例研究のねらい】
1．社会福祉協議会で行われている事業とその目的を理解する。
2．住民参加を促すための社会福祉協議会の役割について学習する。
3．地域住民が参加する地区社会福祉協議会(小地域福祉活動)への支援方法を理解する。

1．Aさんの支援に至る経過

Aさん(63歳　男性)は，市街地から離れた山間にある一戸建て平屋に単身で生活している。近くに公民館，中学校，商店があり，生活していくのに不便はなかったが，仕事中に体調を崩し熱中症の症状を訴え，地元の病院を受診した。その後，脳梗塞を発症し総合病院へ入院することとなる。隣県に住む兄(73歳)が，今後のことを心配して民生委員に相談し，地域型支援センター※が介入することとなった。

2．Aさんの生活歴と支援方針について

Aさんは地元の小・中学校を卒業後いくつかの職業を転々としながら，金銭があると雑誌等を大量に買い込んだり，食事は外食や弁当で済ましたりして生活してきた。また，日常生活面ではゴミ捨て場にある家具類を集めて自宅の周りに山積みしたかと思えば，屋内の風呂が破損すると屋外で薪を使って風呂を沸かし，入浴したりする生活を送り，衛生面および健康面で不安を抱えていた。近隣住民の中には小学校時代の友人もおり，Aさん自身も温厚で社交的な人柄から，Aさんへの接し方に戸惑いながらも近隣住民にとっては気がかりな存在であった。

総合病院入院後，約1か月経過してAさんの病状が落ち着いてきた。Aさんの希望である「自宅で生活したい」「お金を上手く使うことができず，生活がまわらないので手伝ってほしい」「就労して収入を得たい」という思いを受け入れ，地域型支援センターの職員から，市町村自立支援事業を担当する自立相談支援員に紹介された。自立相談支援員の面接・アセスメントの後にケース会議が開催され，ケース会議へは，自立相談支援員，市担当ワーカー，地域型支援センター職員が参加し，Aさんの在宅生活を支えるため，①住環境の整備，②収入確保と家計支援，③近隣の見守り体制の構築の3つの目標が必要であることを確認し，援助を進めることとした。

3．地域住民と地区社会福祉協議会とのつながり—生活環境を整える

Aさんは，その後総合病院を退院し一時的に高齢者生活支援ハウスを利用した。その

第14章　地域福祉に関する相談援助演習

間に，Aさんの兄，市担当ワーカー，地域型支援センター職員，市社会福祉協議会の地区社会福祉協議会担当職員が協議し，近隣住民の協力を得てAさん宅の大量のごみの片づけを行った。この際にも，住民の意識を社会福祉協議会が把握し，住民主体の活動につなげていくことの配慮がさらに必要であり，Aさんが退院した後も地域のつながりを保つために欠かせない活動である。また，Aさんの居住地区の自治会役員，民生委員・児童委員から兄に，Aさんの支援について「高齢で当市まで来るのは困難かもしれないが，Aさんに対して，週1回の安否確認の電話と月1回の訪問をしてほしい」との地域の方からの声に兄も納得し，今後の連絡と訪問を約束した。Aさん自身も遠方にいる兄に頼りたい部分はあったがなかなか言い出せなかったため，この呼びかけにはとても喜んでいた。その後，高齢者生活支援ハウスを退所して1か月半ぶりに自宅での生活を再開した。

4．Aさんが自立した生活を営むために―社会資源としての制度活用による支援

　Aさんは金銭管理に不安をもつものの管理能力が十分にあり，自己決定力もあると判断し，法定サービスである家計相談支援事業（寄り添い伴走型支援）を勧め，自立を目指していくこととした。市社会福祉協議会の自立相談支援員が改めて面談を行い，自立のための就労の可能性，生活のための家計収支状況を確認し，本人とともに自立支援プランを策定した。就労については，医療連携を行っている担当医師からの助言を受け，しばらくは就労を見合わせて治療に専念することとし，まずは生活の改善に重点を置いた。短期目標として「生活に必要なお金を支払うことができるようにする」，長期目標を「年金，就労収入を収支のバランスを考慮し，計画的に使えるようにする」と設定した。プランに本人から同意を得た後，支援調整会議で協議し，その協議結果を受け支援を開始した。その後，Aさんは健康保険の傷病手当金支給が受けられることとなり，家計相談支援員とともに生活資金としての収支家計表を作成し，一週間の生活費の設定や出金，支払いの支援を受けながら生活改善を行った。

5．Aさんと地域をつなぐ今後の動きについて

　Aさんと地域をつなぐためには，Aさんを含め，地域住民，市社会福祉協議会地区社協担当職員，家計相談支援員，地域型支援センター職員で見守りに必要な課題を検討し体制づくりを進めていくことが大切である。Aさんが自分のできることを確認し，地域行事への参加，近隣への協力を行うことで自身の地域での役割を認識することや，見守り対象とされるのではなく，地域の一員であることの自信や自覚がもてるよう家計相談支援員，地域型支援センター職員から働きかけていく必要がある。そのために市社会福祉協議会から地区社会福祉協議会への働きかけとして，Aさんの抱えている課題を地域の福祉課題として捉え，Aさんの生活状況等の情報を地区社会福祉協議会役員・推進委

員と情報共有し協議していくこととした。
　Aさんの居住地の地区社会福祉協議会では，小地域福祉活動（見守り活動）を展開している自治会がある。この自治会の方法を参考にし，居住地区でAさんを見守り対象とすることで，Aさん自身がこの地域で生活していくことに安心感をもち，近隣住民と交流，生活上の相談ができる関係（昔は普通にあった『向こう三軒両隣』）を再構築するとともに専門職領域の相談を専門職へつなげていく体制を目指して取り組んでいく必要がある。社会福祉協議会の自立支援相談員は，地域の協力を得るだけでなく，親族である兄にもAさんの緊急時に備えて，常に情報共有をしていくことが不可欠であり，地域住民に対しても約束された支援を実現してもらえるようアプローチも同時に行っていくことが大切である。

【演習課題】
1．Aさんを中心としたジェノグラム，エコマップを作成してみよう。

2. 本人自身が危機感を持たず，困っていることを認識していない，あるいは困ってはいるが他者の介入を拒否するなど，生活のしづらさを抱え，声をあげられない人が地域に潜在している。このような人への働きかけの技法と方法について話し合ってみよう。

技　　法	クライエントや地域住民への働きかけ方法

3. 地域では，単身高齢者世帯や高齢夫婦世帯さらには若者の貧困問題等が増加している。今後，こうした人たちが安心して地域で生活をしていくのに欠かせない地域づくりなど，社会福祉協議会が住民との協働をどのように進めていくべきか話し合ってみよう。

■■ **解説** ■■

　社会福祉協議会は，住民主体（住民代表，福祉，保健，教育などの団体・専門家で構成される）の社会福祉法人であり，地域福祉を推進する中核的な組織で，また，住民の目線に立ち，先駆的・開拓的に事業を推進する組織である。

　例えば，法制度にないが，今現在必要とされる支援をボランティアや当事者団体の協力で開拓したり，住民への福祉教育を行い，地域・住民の福祉力を高める取り組みを行ったりしている。

　「社会福祉協議会」については，社会福祉法で次のように規定されている。

〈社会福祉法第109条〉
　市町村社会福祉協議会は，一又は同一都道府県内の二以上の市町村の区域内において次に掲げる事業を行うことにより地域福祉の推進を図ることを目的とする団体であつて，その区域内における社会福祉を目的とする事業を経営する者及び社会福祉に関する活動を行う者が参加し，かつ指定都市にあつてはその区域内における地区社会福祉協議会の過半数及び社会福祉事業又は更生保護事業を経営する者の過半数が，指定都市以外の市及び町村にあつてはその区域内おける社会福祉事業又は更生保護事業を経営する者の過半数が参加するものとする。

　一　社会福祉を目的とする事業の企画及び実施
　二　社会福祉に関する活動への住民の参加のための援助
　三　社会福祉を目的とする事業に関する調査，普及，宣伝，連絡，調整及び助成
　四　前三号に掲げる事業のほか，社会福祉を目的とする事業の健全な発達を図るために必要な事業

　例えば，B市社会福祉協議会では，他の地方自治体に先駆けて市より「生活困窮者自立支援促進モデル事業」※を受託し，生活困窮（経済的困窮）状態から早期に脱却することを支援するため，本人の状態に応じた包括的かつ継続的な相談支援等を実施している。ここでは，当事業への相談から関わり始めたAさんに対する相談支援，地域住民の協力を得て実践した活動等の地域福祉に関する相談活動の1事例として紹介している。

※演習後，巻末の「事後学習シート ㉒ 地域福祉 ② 」に取り組もう。

第14章　地域福祉に関する相談援助演習

> **用語**
>
> **地域型支援センター**
> 　老人福祉法（昭和38年法律第133号）第20条の7の2に規定する老人介護支援センターであり，地域の高齢者や介護者に対し，在宅介護に関する総合的な支援やサービス提供施設・機関との連絡調整などを実施している。なお，介護保険法の施行に伴って，地域包括支援センターに業務を移行する自治体も増えているが，一部地域では地域型支援センターや地域型在宅介護支援センターを設置している自治体もある。
>
> **生活困窮者自立支援促進モデル事業**
> 　この事業は「生活困窮者が困窮状態から早期に脱却することを支援するため，本人の状態に応じた包括的かつ継続的な相談支援等を実施するとともに，地域における自立・就労支援等の体制を構築することにより，生活困窮者支援の制度化に寄与することを目的」としており，実施主体は市区町村または都道府県等であるが，事業を団体等に委託することができる。（厚生労働省「生活困窮者自立促進支援モデル事業実施要領」）

第15章
事例研究の方法

1．個別的体験（事例）の共有（一般）化

　社会福祉士養成の教育カリキュラム「相談援助演習」の教育内容では「シラバスの内容」の「含まれるべき事項」に以下の点が記載されている。

> ②相談援助実習後に行うこと
> 　相談援助に係る知識と技術について個別的な体験を一般化し，実践的な知識と技術として習得できるように，相談援助実習における学生の個別的な体験も視野に入れつつ，集団指導並びに個別指導による実技指導を行うこと。

　相談援助実習や福祉現場の実践ではさまざまな個別的な体験（事例）に出会う。しかし，「ミルフォード会議報告」においてもジェネリック・ソーシャル・ケースワーク（Generic Social Case Work）が共通領域として強調されているように，社会福祉専門職には特定の（Specific）視点ではなく，幅広い分野に対応できる共通の（Generic）視点が必要となる。わが国の社会福祉士にも特定分野の専門職（Specialist）ではなく，多様な分野で活動する総合的な知識と技術をもった専門職（Generalist）が求められている。この社会福祉専門職に求められる役割を担い，幅広い領域に対応可能な実践力を高めるためにも「個別的な体験（事例）」を共有し一般化することが不可欠となる。

　そこで，本章では，実習や実践での個別的な体験（事例）を共有（一般化）するツールとして，相談援助実習後あるいは実践現場での事例検討会等に向けた「事例研究の方法」を示しておく。購読者には実習後の相談援助演習，またはケースカンファレンス，事例検討会等での活用を期待したい。また，社会福祉協議会や福祉事務所，地域包括支援センターなどの機関においても，地域アセスメントやアウトリーチ，地域組織化，ソーシャルアクションといったコミュニティ・ソーシャルワークの視点からの事例研究を期待したい。

　事例研究では，まず初めに**相談援助実習，ケースカンファレンス，事例検討会等の事前課題**として，別紙「事例研究シート」に基づいて，実習中や実践現場での個別的体験（事例やエピソード，場面の切り取りなど）を整理するように受講生や参加者に伝える。この事前課題（事例研究シートの作成）によって，相談援助実習後の演習やケースカンファレンス，事例検討会等でグループスーパービジョンを円滑に進めることが可能となる。なお，事例作成の際は**氏名，施設・機関名等は仮名を使用し，個人が特定されないように留意する**。また，事例の内容は演習受講生（クラス内）あるいはケースカンファレンス，事例検討会等の参加者のみに留め，必ず専門職の守秘義務を遵守する。

2. 事例研究の進め方

(1) 個別的な体験（エピソード）を事例としてまとめる

相談援助実習，ケースカンファレンス，事例検討会等の事前課題として，相談援助実習で体験した場面（エピソード）あるいは実際の事例を整理し，【作成基準】の書式に基づいて「事例研究シート」を作成する。作成にあたっては，個人情報保護のため氏名，施設・機関名等は仮名を使用し，個人が特定されないように留意する。また，参考・引用文献は出典を必ず明記する。

※必要に応じて「フェイスシート」や「支援経過記録」などを添付する。

(2) 事例研究の発表

事例提供者は参加者人数分の「事例研究シート」を印刷して演習あるいはケースカンファレンス，事例検討会等に持参する。事例提供者は一人あたり10分から20分程度で発表し，発表時は原則としてプレゼンテーションソフトを使用してスライド資料を作成し，発表する。事例発表後に10分程度の質疑応答時間の設定と必要に応じて担当教員やスーパーバイザーが発表についての補足説明や講評を行う。

(3) グループスーパービジョンによる事例検討

参加者を4名から7名程度のグループに分け，事例提供者が発表した「検討課題」について協議する。グループスーパービジョンでは適宜，本書で学習したマッピング技法，ブレインストーミング，支援計画作成技法などを活用してグループワークを行う。

(4) グループ発表および全体での振り返り

グループスーパービジョン後，グループごとに検討課題の協議結果を発表する。発表時には模造紙やプロジェクターなどを活用して，グループスーパービジョンの成果を全体で共有できるように工夫する。また，各グループの発表後に質疑応答の時間を設け，担当教員やスーパーバイザーが論点を整理するとともに全体で振り返りを実施する。振り返り後に社会福祉専門職の守秘義務について説明し，事例研究の配布資料や内容は受講生，参加者内に留めるように必ず注意喚起する。

【参考文献】

National Association of Social Workers (1974) *Social Case Work*, National Association of Social Workers, INC.（竹内一夫・清水隆則・小田兼三訳，1993，『ソーシャル・ケースワーク－ジェネリックとスペシフィック－ミルフォード会議報告－』相川書房）

事例研究シート【作成基準】

テーマ：

　　　　　　　　　　　　　　　　　　　　　　　　事例提供者：

1．基本事項
・担当施設・機関種別：　　　　　　　　担当職種：
　※個人情報保護に留意し，**施設・機関名，氏名や住所は仮名**（Aさん，B県C市，D施設など）で記載し，個人が特定される可能性がある情報を記載しない。

・クライエントの状況（年齢，性別，居住地，住宅状況，家族構成，経済状況，ADLやIADL，疾病や障害，生活歴，インフォーマルを含む社会資源など，事例を検討する上で必要となる情報を記載する。）

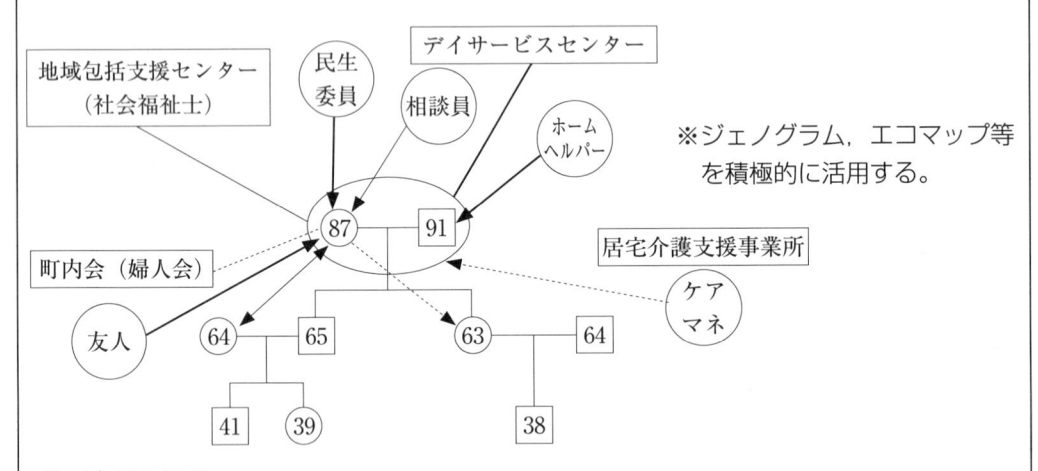

※ジェノグラム，エコマップ等を積極的に活用する。

[ジェノグラム・エコマップ図：
地域包括支援センター（社会福祉士）、民生委員、デイサービスセンター、相談員、ホームヘルパー、町内会（婦人会）、友人、居宅介護支援事業所、ケアマネ
中心人物：87歳（女性）と91歳（男性）
子世代：64─65、63─64
孫世代：41、39、38]

2．事例の概要
(1) 相談受付，サービス利用開始に至った経緯あるいは現在のサービス利用状況など
(2) 表明されているクライエントのニーズ，家族の要望など
(3) 潜在的ニーズ，初期アセスメントやモニタリングの結果など
(4) 課題となる場面

3．検討課題
(1) 上記「2．事例の概要」における検討課題
(2) 倫理的ジレンマや困難事例への対応など
(3) 今後の課題
※提供する事例において検討すべき課題を箇条書き等で具体的に記載し，講義やケースカンファレンス，事例検討会等でグループワークを実施し課題について協議する。

第15章　事例研究の方法

事例研究シート

テーマ：

　　　　　　　　　　　　　　　　　　事例提供者：

1．基本事項
・担当施設・機関種別：　　　　　担当職種：

・クライエントの状況

2．事例の概要

1

3．検 討 課 題

事後学習シート

(1) 社会的排除

事後学習シート

1. Aさんが社会で自立した生活ができるためには、過去何が必要であったか、また今後どのような援助が必要かまとめてみよう。

2. 現代社会において、社会的包摂（ソーシャル・インクルージョン）の必要性が叫ばれているが、事例を通して検討された内容から考えてみよう。

学籍番号　　　　　　　　　氏　名

(2) 高齢者福祉 ①

事後学習シート

1. 「相談者」と「要援助者」が異なる場合,支援過程においてどのような課題があるだろうか,考えてみよう。

2. 高齢者のみ世帯では,在宅生活を続けていくうえでどのような危険予測が考えられるだろうか。また,そのリスクに対しどのような取り組みが必要だろうか,考えてみよう。

| 学籍番号 | | 氏　名 | |

(3) 高齢者福祉 ②

事後学習シート

1. 福祉ニーズにはどのようなものがあるのかを調べ，まとめてみよう。

2. 高齢者介護を支える社会資源にはどのようなものがあるのかを調べ，まとめてみよう。

3. ケアマネジメントの過程において，モニタリングが必要な理由を考えてみよう。

4. 本演習を行って，自らが良い相談援助職になるために気づいたことをあげてみよう。

学籍番号　　　　　　　　　氏　名

(4) 障害者福祉 ①

事後学習シート

1. 家族会や当事者会にソーシャルワーカーが参加することの意義をあげてみよう。また，家族会・当事者会とソーシャルワーカーが協働してできる支援を考えてみよう。

2. ソーシャルワーカーが，クライエントに家族会や当事者会への参加を勧めることについての意義をあげ，その時に，配慮すべきことをまとめてみよう。

| 学籍番号 | | 氏　名 | |

(5) 障害者福祉 ②

事後学習シート

1. 既存の精神保健福祉サービスのみを活用した支援計画と，地域にある一般の資源（図書館，喫茶店，陶芸教室，祭りの手伝いなど市民が活用する資源）も活用した支援計画を比べた場合，利用者の自尊心やエンパワメントにどのような影響を及ぼすか考えてみよう。

2. 地域の資源を活用するために，精神保健福祉士は利用者の住む地域とどのような関わりを持てばよいか検討してみよう。

学籍番号		氏　名	

(6) 児童福祉 ①

事後学習シート

1. 子どもの不適応行動の意味と背景を考えてみよう。

2. 不適応行動のある子どもとその家族へのエンパワメントアプローチについて考えてみよう。

学籍番号　　　　　　　　　氏　名

(7) 児童福祉 ②

事後学習シート

1. 児童養護施設においてチームによる支援を実践するうえで必要なことはなんだろうか，考えてみよう。

2. 保護者，施設，児童相談所の協働体制を図るうえで必要なことはなんだろうか，考えてみよう。

学籍番号		氏　名	

(8) 高齢者虐待

事後学習シート

1. この事例において，長男への働きかけとして考えられることをあげてみよう。

2. 経済的虐待の対応として，成年後見制度が有効である。成年後見制度について調べてみよう。

| 学籍番号 | | 氏　名 | |

(9) 障害者虐待事例

事後学習シート

1. 虐待事例では虐待をする人が「自我親和的（ego-syntonic）」であることも多く，虐待を防止するために「自我親和的（ego-syntonic）」な行動を変容するにはどのようなアプローチが可能だろうか，考えてみよう。

2.「障害者虐待防止対策支援事業」の実施主体や事業内容について調べてみよう。

学籍番号		氏　名	

事後学習シート

(10) 児童虐待

1. 子どもや保護者の意思に反して児童相談所（公的機関）が介入する際の留意点にはどのようなものがあるだろか，考えてみよう。

2. 児童相談所（公的機関）が介入した結果，家族が別々に暮らすことについてどのように考えたらよいだろうか，まとめてみよう。

学籍番号		氏　名	

⑾ 家庭内暴力（DV）

事後学習シート

1. Aさんのケースに限らず，さまざまなDV被害者を援助するために必要なサービスをまとめ，書き出してみよう。さらに，どのようなサービスがあると良いだろうか考えてみよう。

2. DVをなくすために，どのような取り組みが必要だろうか，考えてみよう。

学籍番号		氏　名	

事後学習シート

⑿ 低所得者

事後学習シート

1．母子家庭生活困窮者の抱える生活問題について検討したことをまとめてみよう。

2．母子家庭世帯（家族）の自立支援のためにはどんな援助が必要だろうか，差別・偏見などを考慮して考えてみよう。

| 学籍番号 | | 氏　名 | |

(13) ホームレス

事後学習シート

1．ホームレスの面接調査にはどのような質問事項が必要とされるだろうか，考えてみよう。

2．ホームレス生活にはどのような課題があるだろうか，考えてみよう。

| 学籍番号 | | 氏　名 | |

⑭ 権利擁護（成年後見制度）

事後学習シート

1. 現在の日本において，認知症のある人の権利侵害にはどのようなものがあるだろうか，まとめてみよう。権利侵害が起こりやすい理由についても考えてみよう。

2. 認知症のある人が権利侵害されている状況を予防し，あるいは早期に発見し，または適切に対応するために，どのような支援体制が必要だろうか，考えてみよう。

学籍番号		氏　名	

⑮ 少年司法

事後学習シート

1．Aさんのような少年院出院者の，自立支援のために活用できる制度・施設や福祉サービスについて検討してみよう。

2．少年院から出院した人が，健全な社会人として生活できるためには，どのように支援が必要なのかを検討してみよう。

| 学籍番号 | | 氏　名 | |

(16) 更生保護

事後学習シート

1. Aさんのような高齢犯罪者の自立支援のために活用できる，制度や福祉サービスについて検討してみよう。

2. 現在，軽微な犯罪を行った高齢者や障害者について，被疑者・被告人段階で福祉支援を行う取り組みが試行されているが，新聞報道やネット検索などを活用してその状況を調べてみよう。

学籍番号		氏　名	

(17) 多文化・多人種

事後学習シート

1. 日本で暮らす外国人は，日本語の理解がないことでどのような不自由さを感じているだろうか，考えてみよう。

2. 外国人向けの介護保険や保健福祉サービスの情報を提供するパンフレットを見てみよう。あなたの暮らす市町村では，どのような言語に対応しているだろうか，調べてみよう。

3. マサオの生活ニーズを充足する社会資源は，具体的にどのようなものか考えてみよう。また，あなたの暮らす地域にあるか調査してみよう。

| 学籍番号 | | 氏　名 | |

事後学習シート

(18) 就労支援

事後学習シート

1. 職場での適切な配慮が受けられるようになるためには，どのような働きかけや支援が必要だろうか。本人側と職場側で整理してみよう。

   本人側：

   職場側：

2. 就労支援を展開するうえで，クライエントと職場との適合（マッチング）を図る過程では，どのような点に着目し評価していくことが必要だろうか，考えてみよう。

学籍番号		氏　名	

(19) 一般病院

事後学習シート

1. 医療ソーシャルワーカーが援助を必要とする患者に早期に関わるためには，どのような取り組みが考えられるだろうか，考えてみよう。

2. 退院援助の場面で医療ソーシャルワーカーが他職種と連携していくうえで重要なことは何だろうか，考えてみよう。

学籍番号　　　　　　　　　　氏　名

⑳ 特定機能病院

事後学習シート

1. 早期からの緩和ケアを実現するためには，どのような課題があるだろうか，考えてみよう。

2. がんサバイバー（体験者）が働き手として社会にリトライするためには，どのような法的整備が必要だろうか，考えてみよう。

| 学籍番号 | | 氏　名 | |

(21) 地域福祉 ①

事後学習シート

1. 都市生活における高齢者の一人暮らしには，どのようなリスクが潜んでいるだろうか，その根拠を示しながら類推してみよう。

2. 「孤独死」を未然に防ぐ（予防）方法について，その根拠を示しながら考えてみよう。

3. 「孤独死」に対してコミュニティ・ソーシャルワーカーは，地域でどのようなアプローチを行う必要があるだろうか，考えてみよう。

学籍番号		氏　名	

事後学習シート

[22] 地域福祉 ②

1. 自分の住んでいる地域や近隣の地区社会福祉協議会で実施している小地域福祉活動について調べてみよう。

2. 社会福祉協議会が実施している地域住民の共助関係再構築の取り組み（ソーシャル・サポート・ネットワーク，地域組織化活動，福祉コミュニティの形成など）について調べてみよう。

学籍番号		氏　名	

索　引

あ　行
アウトリーチ　30, 75
アセスメント　24, 35, 64, 119
エコマップ　35, 84, 92
SST（社会生活技能訓練）　52, 93
エンパワーメント　12, 33, 126
医療ソーシャルワーカー　117, 120, 126

か　行
介護支援専門員　15
外国人労働者　100
グループホーム　27
コミュニティ・ソーシャルワーク　129, 132

さ　行
社会福祉協議会　136, 139
社会的包摂（ソーシャル・インクルージョン）　3, 4, 75, 79
社会福祉士倫理綱領　86
児童相談所　3, 33, 38, 41, 56
児童養護施設　38
障害者就業・生活支援センター　109
障害基礎年金　91
少年院（教育）　93
ストレングス　28, 64, 71
生活保護　4, 6, 76
精神保健福祉手帳　21
相談支援事業所　20, 27
ソーシャルサポートネットワーク　17

た　行
地域包括支援センター　8, 9, 45, 46, 83, 87
地域移行支援　26
DV相談センター（配偶者暴力相談支援センター）　63
特別支援学級　109

は　行
FSWs（ファミリーソーシャルワーカー）　38
ハローワーク　6, 54, 70, 111
福祉事務所　3, 70
保護観察　90

ま　行
マッピング　17
民生委員　45, 83, 130, 137
メンタルフレンド　34
モニタリング　17

ら　行
療育手帳　91, 109
老人福祉センター　129, 131

【監修者紹介】

・加藤　幸雄（かとう　さちお）

日本福祉大学前学長・名誉教授
日本司法福祉学会会長

主要著書
『非行臨床と司法福祉』（単著）ミネルヴァ書房　2003
『相談援助実習』（共編著）中央法規出版　2010

【編著者紹介】

・鈴木　武幸（すずき　たけゆき）

静岡福祉大学社会福祉学部医療福祉学科特任教授

主要著書
『改訂　介護職・福祉職のための医学用語辞典』（共編著）中央法規出版　2014
『新版　精神保健福祉』（共著）学文社　2007

・鈴木　政史（すずき　まさし）

静岡福祉大学社会福祉学部医療福祉学科講師

主要著書
『社会福祉』（共著）光生館　2012
『クエスチョン・バンク　ケアマネ2015　ケアマネージャー（介護支援専門員）試験問題解説』
（監修・共著）メディックメディア　2015

社会福祉士　相談援助演習　事例集　　2015年4月5日　第一版第一刷発行

監修者　加藤　幸雄
編著者　鈴木　武幸
　　　　鈴木　政史
発行所　㈱学文社
発行者　田中　千津子

東京都目黒区下目黒 3-6-1 〒153-0064
電話 03 (3715) 1501　振替 00130-9-98842
落丁，乱丁本は，本社にてお取替え致します。
定価は売上カード，カバーに表示してあります。

ISBN 978-4-7620-2527-3　印刷／東光整版印刷株式会社

©2015 Kato Sachio, Suzuki Takeyuki & Suzuki Masashi　Printed in Japan